Jan Hauke Hahn

Systemische Beratung in der Ausstiegs- und Distanzierungsbegleitung

2020

Über den Autor

Jan Hauke Hahn (M.A.), Jahrgang 1985, studierte Pädagogik, Europäische Ethnologie, Neuere Deutsche Literatur & Medien und Skandinavistik in Kiel und in Göteborg.
Er arbeitet als Sozialpädagoge und ist freiberuflich als Systemischer Berater tätig.

janhaukehahn@gmx.net

Ein großes Dankeschön für weitere Perspektiven, Korrekturen und spannende Gespräche richte ich an Nils Stühmer, Janosik Herder und Tobias Prelwitz.

Abkürzungen

SB	Systemische Beratung
GMF	Gruppenbezogene Menschenfeindlichkeit
LLL	life long learning

Herstellung und Verlag:
BoD - Books on Demand, Norderstedt
ISBN 978-3-7504-3065-5

Inhalt

Anhang

1. Einleitung

Seit 2014 verzeichnet das Bundesamt für Verfassungsschutz einen stetigen Anstieg rechtsextremistisch motivierter Taten. Während in den Jahren zwischen 2010 und 2014 jährlich etwa 16.000 – 17.000 Straf- und Gewalttaten verübt wurden, kam es 2015 zu einem sprunghaften Anstieg von etwa 22.000 Delikten und zu einem vorläufigen Höhepunkt im Jahre 2016 von etwa 22.500 Taten mit rechtem Hintergrund.[1] Die Ausschreitungen während der Aufmärsche von AFD, Pegida, dem Bündnis "Pro Chemnitz" und dem rechten Zusammenschluss "Der III. Weg"[2] in Chemnitz 2018, in denen tausende von Menschen im Beisein Rechter und Hooligans demonstrierten, spiegeln einerseits die hohe Präsenz und Mobilisierungsfähigkeit des rechten Randes wider als auch rechte Gewaltpotentiale. Auf der Frankfurter Buchmesse 2018 gibt es mit *Manuscriptum* und *Junge Freiheit* Verlage – im Vorjahr kam es bereits zu Protesten mit dem *Antaios*-Verlag – welche sich rechtsintellektuell gerieren und ihren jeweiligen Beitrag leisten, rechtsideologische Inhalte salonfähig zu machen. Bei der Landtagswahl 2018 in Bayern wurde die AFD[3] zum ersten Mal in den Landtag gewählt.[4] Die Auflistung rechter Präsenz könnte

---

1 Bundesamt für Verfassungsschutz. (2018) *Zahlen und Fakten Rechtsextremismus.* Vgl. online unter: https://www.verfassungsschutz.de/de/arbeitsfelder/af-rechtsextremismus/zahlen-und-fakten-rechtsextremismus/rechtsextremistische-straf-und-gewalttaten-2016 (Abruf: 17.10. 2018)

2 Mitteldeutscher Rundfunk (2018) *Demonstrationen in Chemnitz und Plauen..* Vgl. online unter: https://www.mdr.de/sachsen/chemnitz/demonstration-chemnitz-plauen-wochenende100.html (Abruf: 17.10. 2018)

3 Es soll keineswegs behauptet werden, die AFD sei eine rechte Partei. Es muss jedoch kritisch angemerkt werden, dass eine hohe Korrelation zwischen AFD-Wähler_innen und Menschen, die eine Nähe zu Gruppenbezogener Menschenfeindlichkeit (GMF) zeigen besteht. So stimmen, laut Studie 88% der AFD-Wähler_innen einer Abwertung asylsuchender Menschen zu. (Vgl. Zick/Krause/Berghan/Küpper in: Melzer, 2016, S. 64) . Die AFD positioniert sich im Gender-Diskurs eindeutig abwertend gegenüber Trans*Menschen (Vgl. Kemper in Henningsen/Tuider/Timmermanns, 2016, S. 142), was ebenfalls im signifikanten Zusammenhang mit GMF steht.. Ferner existieren personelle Überschneidungen der AFD mit eindeutig rechts orientierten Gruppen, wie etwa PEGIDA. (Vgl. Kemper in: Henningsen/Tuider/Timmermanns, 2016, S. 144)

4 Spiegel Online (2018) *Höhenflug der AFD gestoppt.* Vgl. online unter: http://www.spiegel.de/politik/deutschland/bayern-wahl-hoehenflug-der-afd-gestoppt-a-1233229.html (Abruf: 17.10. 2018)

noch viel weiter gehen. Die oben genannten Beispiele aus Presse und Behörden betonen die Aktualität verfassungs-, meinungs- und menschenfeindlicher Ideologien in der Bundesrepublik. Rechte Ideologien scheinen in der Mitte der Gesellschaft angekommen zu sein. Rechtsextremismus ist ein gesamtgesellschaftliches Thema. Auch durch die Anschläge des NSU wird deutlich, Rechtsextremismus ist ein Thema höchster Brisanz und Relevanz. Rechtsextreme Strukturen sind nicht immer sichtbar und scheinen im Verborgenen zu existieren und zu operieren. Handlungsbedarfe in unterschiedlichen Feldern sind unabdingbar.

Eine Möglichkeit, der Thematik Rechtsextremismus zu begegnen ist die Beratung von Menschen, die sich entschieden haben einen Weg heraus aus rechten Strukturen zu suchen oder deren rechtes Weltbild ins Schwanken geraten ist. Eine mögliche Herangehensweise bietet die Systemische Beratung.

Systemische Beratung oder systemische Methoden sind mittlerweile zu einem festen Bestandteil in der sozialen Arbeit geworden (vgl. Döcker/Georg/Kühling in: Becker/Schmitt 2019: 231). Sucht man im Internet nach systemischer Literatur, stößt man auf ein facettenreiches Angebot von Veröffentlichungen.[5] Auch im Bereich von Fort- und Weiterbildungsangeboten scheint Systemische Beratung besonders im Trend zu liegen, sodass ein ebenfalls breites Angebot vorhanden ist. So wird etwa durch das Demokratiezentrum Hessen eine Weiterbildungsreihe zu "Systemischer Beratung im Kontext Rechtsextremismus" angeboten, die sich unter anderem an Berater_innen der Distanzierungsarbeit richtet.[6]

Dieser Text beleuchtet Ausstiegs- und Distanzierungsbegleitung mithilfe der Systemischen Beratung. Im Fokus steht die Frage: Welche

---

5 Sonja Radatz bemerkt die inflationäre Nutzung des Begriffes "systemisch". Häufig werde dies unter anderem auch im Zusammenhang mit NLP, Gruppendynamik oder Transaktionsanalyse genannt. Sie betont die klare Verbindung zum Konstruktivismus. (Vgl. Radatz, 2000, S. 56)

6 Beratungsnetzwerk Hessen (2018) *Fortbildungsangebote 2018*. Vgl. online unter: http://beratungsnetzwerk-hessen.de/fortbildungsangebote-2018 (Abruf: 21.09.2018)

Möglichkeiten bietet Systemische Beratung in der Ausstiegs- und Distanzierungsbegleitung? Es wird erläutert, welche Potentiale in spezifischen Methoden der Systemischen Beratung in Bezug auf die Arbeit mit ausstiegswilligen Menschen, die sich aus rechten Strukturen lösen – oder nicht weiter annähern wollen – stecken. Zum Einen werden spezifische Methoden die in der Systemischen Beratung Verwendung finden auf ihre Potentiale hin beleuchtet; zum Anderen wird geschaut, inwiefern eine systemisch-konstruktivistische Haltung hilfreich in der Arbeit mit Klient_innen mit rechtsextremen Hintergrund sein kann.

Als Grundlage dieser Ausarbeitung dient die aktuelle systemisch-konstruktivistische Literatur. Nicht alle großen Namen, die mit Systemischer Beratung in Verbindung gebracht werden, finden Erwähnung. Dies ist für das Ziel dieser Arbeit nicht entscheidend. Die innerhalb der Bücher beschriebenen theoretischen Grundlagen und Methoden werden herangezogen und ausgewertet. Teilweise ältere Literatur kann aus dem Grunde verwendet werden, weil es trotz einiger Weiterentwicklungen in der Systemischen Beratung keinen Paradigmenwechsel seit Mitte der 1990er-Jahre gegeben hat. Ferner dient einschlägige Literatur zum Themenfeld Ausstiegsarbeit als Analysegrundlage.

Dieses Buch ist in drei Abschnitte gegliedert. Der erste Abschnitt befasst sich mit dem Themenfeld *Rechtsextremismus*, innerhalb dessen zunächst für diese Arbeit relevante Themen aufgegriffen werden, die inhaltliche Berührungspunkte mit dem Kontext Rechtsextremismus aufweisen. Im zweiten Teil wird die *Systemische Beratung* mit ihren Grundpfeilern erläutert. Im dritten Teil, *Zusammenführung*, werden die beiden vorangestellten Bereiche miteinander verbunden, indem systemische Methoden auf den Kontext der Ausstiegsarbeit bezogen und erörtert werden. Im Folgenden werden die Inhalte dieser Arbeit erläutert:

Zunächst wird eine Annäherung an die Begriffe *Rechtsextremismus und*

Gruppenbezogene Menschenfeindlichkeit (GMF) vorgenommen, die den aktuellen Stand der Forschung und das Verständnis des Begriffes wiedergibt (zum Beispiel von Heitmeyer, Jaschke, Schulze/Schuhmacher, usw.). Ob sich Adressat_innen der freiwilligen Ausstiegsbegleitungen als (ehemalige) Rechtsextremist_innen angesprochen fühlen, ist dabei jedoch nicht maßgeblich. Zu Grunde gelegt sei ein breiteres Verständnis von *rechts* und schließt somit rechten Extremismus mit ein. Menschen, die sich in eine Ausstiegsberatung begeben, definieren für sich selbst, ob oder dass sie sich rechten Strukturen oder Kulturen zugehörig fühl(t)en. Damit reicht das Adressat_innenspektrum von Mitläufer_innen, die sich distanzieren wollen bis hin zum Kader rechter Organisationen, die einen sensibel geplanten Ausstieg vollziehen möchten. Dennoch ist die Definition des Rechtsextremismus-Begriffes unumgänglich, um sich dem Thema anzunähern.

Im nächsten Schritt werden die Begriffe Ausstiegsbegleitung und Distanzierungsbegleitung, die häufig analog verwendet werden, erläutert. Was ist darunter zu verstehen? Wer sind die Adressat_innen? Wie kann man sich einen Ausstiegsprozess in etwa vorstellen? Welche Phasen beinhaltet dieser?

Im Kapitel *Rechte Realitäten – rechte Strukturen – rechte Kulturen* wird in die Lebenswelten der Klient_innen eingeführt. Das Augenmerk wird hierbei auf Jugendliche und junge Menschen gerichtet. Das Kapitel ermöglicht Leser_innen einen Einblick in die *Erlebniswelt Rechtsextremismus*, welche Gründe Menschen haben können, sich in rechten Strukturen zu bewegen. Was bieten rechte Strukturen jungen Menschen an? Worin besteht die Attraktivität der rechten Szene?

Zum Abschluss des Themenfeldes Rechtsextremismus werden mögliche Gründe und Motivationen von Klient_innen beleuchtet, die sich entscheiden, ein Angebot der Ausstiegsbegleitung aufzusuchen.

Der zweite Teil beginnt mit einem Überblick über das Grundgerüst der

Systemischen Beratung (SB). Die Entwicklung der SB hat in ihrer Geschichte etliche Stadien durchlaufen, bis sie zu dem wurde, was sie heute, bzw. etwa seit Mitte der 90er-Jahre, ist. Da diese Genese bücherfüllend ist, konzentriert sich die Darstellung auf die Verknüpfung von Systemtheorie und Konstruktivismus.

Im dritten Teil werden die Themenblocks Rechtsextremismus und Systemische Beratung zusammengeführt. Im Unterpunkt *"Mit Nazis rede ich nicht!" - Arbeiten mit Menschen aus rechten Strukturen*, in welchem es um die Haltung der Fachkraft in der Arbeit mit Klient_innen geht, tritt die humanistische Komponente der SB zutage. Im weiteren Verlauf werden für die Systemische Beratung und Therapie spezifische Methoden vorgestellt und auf den speziellen Kontext der Ausstiegsarbeit bezogen erörtert.

Teil I   Rechtsextremismus

I Rechtsextremismus

2. Rechtsextremismus und *Gruppenbezogene Menschenfeindlichkeit (GMF)*

Um dem Begriff des *Rechtsextremismus* näher zu kommen und etwaige Strukturen zu verstehen, die ihm innewohnen, wird der Begriff in diesem Kapitel erläutert, beziehungsweise in den Terminus der *Gruppenbezogenen Menschenfeindlichkeit (GMF)* überführt.

Nach Heitmeyer existieren zwei wesentliche Grundelemente einer rechtsextremistischen Orientierung. Zum einen spricht er von einer *Ideologie der Ungleichwertigkeit* (Abwertung anderer). Darin enthalten ist die Dimension von Ausgrenzungsforderungen in Form sozialer, ökonomischer, kultureller, rechtlicher und politischer Ungleichbehandlung von Fremden und Anderen. (Vgl. Lobermeier 2006: 10).

Das zweite Grundelement ist, nach Heitmeyer, die Akzeptanz von Gewalt.

Heitmeyer ist dazu übergegangen den Begriff Rechtsextremismus durch den Begriff des *Syndroms gruppenbezogener Menschenfeindlichkeit* zu ersetzen. Dieser berücksichtigt,

> "vielfältige Facetten der Minderwertigkeitsbehauptung wie etwa die Fremdenfeindlichkeit, den Rassismus die Behindertenabwertung, die Obdachlosenabwertung, die Homophobie, den klassischen Sexismus, die Etabliertenvorrechte, die Islamophobie und den Antisemitismus." (Lobermeier 2006: 10)

Zick, Krause, Berghan und Küpper ergänzen, Gruppenbezogene Menschenfeindlichkeit (GMF):

> "(...) drückt sich in Vorurteilen, negativen Stereotypen, abwertenden Überzeugungen, Diskriminierungen und Feindseligkeiten aus. Es geht zentral darum, andere Personen oder Gruppen als ungleichwertig zu markieren, weil sie als "Andere" – als eine Fremdgruppe – wahrgenommen werden." (Zick/Krause/Berghan/Küpper in: Melzer 2016: 33)

GMF dient dazu die eigene Gruppe (*ingroup*) aufzuwerten, eine eigene Identität herzustellen, komplexe Sachverhalte einfach zu erklären (Komplexitätsreduktion), soziale Kontrolle und Einfluss auf andere auszuüben und Vertrauen und Misstrauen zu markieren. Es geht um die Sicherung von Dominanz und Privilegien. GMF markiert, wer dazu gehört und wer nicht, indem betont wird, wer *ingroup* (innerhalb der eigenen Bezugsgruppe) und wer *outgroup* (außerhalb der eigenen Bezugsgruppe) ist. (Vgl. Zick/Krause/Berghan/Küpper in: Melzer 2016: 34).

Zum Syndrom wird die GMF durch die Verknüpfung ihrer einzelnen Elemente. Es wird davon ausgegangen, dass die unterschiedlichen Ungleichheiten miteinander in Verbindung stehen. So besteht zum Beispiel eine Korrelation zwischen der Ungleichwertigkeit in bezug auf die Abwertung von Sinti und Roma und den Abwertungen von Menschen mit Behinderungen oder homosexuellen Menschen. Einfacher ausgedrückt bedeutet dies, dass jemand, der/die Sinti und Roma als Gruppe abwertet mit hoher Wahrscheinlichkeit auch eine Abneigung gegenüber Menschen mit Behinderung zeigt.

Etwaige Gruppen (z.B. Menschen mit Übergewicht) die ebenfalls Abwertung erfahren, jedoch nicht mit den GMF-Syndrom-Elementen in Verknüpfung stehen, fallen nicht in den Bereich des GMF-Syndroms. Symptomatisch wird die GMF quasi durch die Verbindung ihrer einzelnen Elemente. Um im oben genannten Beispiel zu bleiben: Besteht eine Abwertung von Sinti und Roma, besteht mit hoher Wahrscheinlichkeit auch eine Abwertung von homosexuellen Menschen und würde damit in den Bereich des Syndroms Gruppenbezogener Menschenfeindlichkeit verortet sein (vgl. Zick/Krause/Berghan/Küpper in: Melzer 2016: 42). Jedoch nicht alle Formen von Abwertungen können so in Verbindung stehen, dass sie in der GMF zusammengefasst werden. Es besteht zum Beispiel keine hohe Korrelation zwischen der Abwertung gegenüber homosexuellen Menschen und Menschen mit geringer Schulbildung. Jemand der/die also Menschen mit geringer Schulbildung abwertet muss nicht zwangsläufig auch homosexuelle Menschen abwerten. In diesem Falle wären die Kriterien für die GMF demnach nicht erfüllt.

Die Überführung des Rechtsextremismusbegriffes in den Begriff der *Gruppenbezogenen Menschenfeindlichkeit* ermöglicht eine Ausweitung des Konzeptes von Abwertungen einzelner gegenüber Gruppen ohne dabei unscharf zu werden, da die Korrelationen zwischen Abwertungen einzelner Gruppen klar existieren. Rechtsextremismus lässt sich somit nicht nur auf Ausländerfeindlichkeit oder Antisemistismus begrenzen.

Nachdem oben eine Annäherung an die Begriffe *Rechtsextremismus* und in dessen Weiterführung *Gruppenbezogene Menschenfeindlichkeit* (GMF) vorgenommen wurde, soll in den kommenden Kapiteln um Ausstiegsbegleitung und ihre Verortung in der Prävention gehen. Dies ist nötig, um eine klare Vorstellung von Ausstiegsbegleitung mitsamt ihrer Grenzen zu bekommen.

2.1. Ausstiegsbegleitung und Prävention

In welchem Verhältnis stehen Ausstiegsangebote und Prävention? Um dies zu beurteilen, wird zunächst der Präventionsbegriff kurz erläutert, um daraufhin eine Einordnung, sofern diese eindeutig möglich ist, vorzunehmen.

In einer ersten Annäherung kann Prävention als ein vorbeugendes Eingreifen, welches auf die Verhinderung möglicher Gefahren und Schädigungen abzielt und es damit gegen Intervention als nachgehenden Eingriff oder Reaktion auf einen bereits eingetretenen Schaden, verstanden werden (vgl. Galuske 2013: 317). Damit ist Prävention zunächst im vorbeugenden Bereich verortbar.

Prävention hat folgende Voraussetzungen: Prävention setzt eine Vorstellung davon voraus, welches Verhalten als *gefährlich* und welches Verhalten als *normal*, im Sinne von *im Rahmen des Normbereiches,* verstanden wird. Dahinter steckt also eine normative Vorstellung von richtig und falsch. Weiter muss man eine Prognosefähigkeit besitzen, die es erlaubt, von gegenwärtigen Erfahrungen auf zukünftige Ereignisse zu schließen. Es ist also ein Wissen über die Bedingungen erforderlich, welche schädliches Verhalten begünstigen. Eine weitere Vorraussetzung sind erprobte und wirksame Instrumente welche genutzt werden, um Gefahren abwenden zu können (vgl. Galuske 2013: 317f.).

Herriger definiert Prävention wie folgt:

> *"Der gemeinsame Bezugspunkt aller Definitionen des Präventionsbegriffes ist der Rückgriff auf ein Verbindliches Inventar an Normalitätsstandards (kodifizierte Rechtsnormen und alltagsweltliche Normalitätserwartungen), das die normativen Grenzlinien zwischen normalen und akzeptablen Verhaltensweisen auf der einen und abweichenden und damit unerwünschten Verhaltensweisen auf der anderen Seite markiert. Auf der Grundlage dieser normativen Grenzziehung bezeichnet der Begriff der Prävention dann die Summe jener Maßnahmen, die die Übereinstimmung der Gesellschaftsmitglieder mit diesen Normalitätsstandards sichern und so Störungen der gesellschaftlichen Ordnung im Vorgriff ausschließen."*
> (Herriger in: Stimmer, 1996 S: 371)

Prävention geht demnach von Verhalten innerhalb eines Normbereiches aus und ist somit zielorientiert. Wie weiter unten deutlich werden wird, ist Ausstiegsbegleitung aufgrund ihrer Definition und ihrer variantenreichen Zielgruppe nicht eindeutig in den Bereich der Prävention einzuordnen. Dies ist vom individuellen Betreuungsfall abhängig und kann stark variieren. Im folgenden Kapitel, in welchem die Definition von Ausstiegsbegleitung erläutert wird, wird der Zusammenhang von Prävention und Ausstiegsarbeit deutlicher.

2.2. Was ist Ausstiegsbegleitung?

Seit dem Jahr 2000 werden in Deutschland Ausstiegsangebote und Programme implementiert und umgesetzt. Es existieren unterschiedliche Bezeichnungen[7], die sich auf derartige Angebote beziehen, wie

---

7 In dieser Ausarbeitung wird die neutralere Bezeichnung *Ausstiegsbegleitung* synonym für die unterschiedlichen Bezeichnungen von Ausstiegsarbeit gewählt. Der Begriff Hilfe assoziiert eine Hilfsbedürftigkeit und damit ein Machtgefälle zwischen Berater_in und der beratungsnehmenden Person.

beispielsweise *Ausstiegshilfe*[8], *Ausstiegsberatung*[9] oder *Ausstiegsbegleitung*[10]. Inhaltlich sind diese ähnlich, mit Akzentverschiebungen der Zielgruppe bezüglich der Präventionsstufen.

> "Diese Aussteigerprogramme sind zum Teil durch staatliche Institutionen organisiert, z.B. durch das Bundesamt für Verfassungsschutz oder durch Landeskriminalämter, Justiz-, Jugend- oder Sozialbehörden; andere Programme werden durch private Träger angeboten, d.h. durch Vereine und Stiftungen. Einige Angebote agieren bundesweit und sind nicht an bestimmte Arbeitsfelder gebunden, während sich die meisten auf bestimmte Bundesländer oder spezifische Kontexte, z.B. den Strafvollzug konzentrieren."
> (Rieker 2014: 8)

Die unterschiedlichen Angebote wenden sich an Menschen, die sich aus rechten Strukturen lösen wollen und bieten Unterstützung dazu an. Damit sind sie also weniger präventiv anzusiedeln, sondern vielmehr die letzte Stufe der Intervention gegen Rechtsextremismus (vgl. Rieker 2009:120). Im Kontext von Ausstiegsarbeit wird auch von *Distanzierung* gesprochen. *Distanzierung* wird teilweise, etwa von Nils Schuhmacher, stellvertretend für *Ausstieg* verwendet, um hervorzuheben, dass Teile rechter Kulturen nicht hermetisch abgeriegelt sind und somit die Bezeichnung *Ausstieg* nicht der Wirklichkeit entspricht.

> "Mit »Ausstieg« wird in der Rechtsextremismus-Debatte und -Forschung ein Begriff mit großem Gewicht gesetzt. Das Problem besteht allerdings darin, dass mit ihm auch das Bild eines in sozialer Hinsicht hermetisch abgeschotteten Spektrums entworfen wird, das für Teile des politischen und jugendkulturell geprägten Rechtsextremismus gar nicht unbedingt zutreffend ist."[11]

Schuhmachers Kritik ist demnach, dass der Begriff *Ausstieg* eine absolute Abriegelung der sozialen Milieus bedeutet. In Fällen, wo eine Übergänge

---

8 EXIT-Deutschland (2018) *Forschung und Evaluationen*. Vgl. online unter: https://www.exit-deutschland.de/forschung/ (Abruf: 07.11.2018)

9 KAST e.V. Kieler Antigewalt- und Sozialtraining (2018) *Trainingsangebote*. Vgl. online unter: https://antigewalt-kiel.de/trainingsangebote/Art/27 (Abruf: 07.11.2018)

10 Sächsisches Staatsministerium des Innern. Geschäftsstelle des Landespräventionsrates im Freistaat Sachsen. (2018) *Ausstiegsbegleitung*. Vgl. online unter: www.aussteigerprogramm-sachsen.de/ausstiegsbegleitung.html (Abruf: 07.11.2018)

11 Criminologia (2016) *Veranstaltungsreihe zu Distanzierung / Ausstieg rechts*. Online unter: https://criminologia.de/2016/08/veranstaltungsreihe-zu-distanzierung-ausstieg-rechts/ (Abruf: 16.01.2019)

oder Überschneidungen sozialer Systeme bestehen, wäre der Ausstiegsbegriff demnach unpassend und würde dem Vorhaben einer Distanzierung oder Loslösung von rechtem Gedankengut nicht gerecht werden. Dennoch besitzt die Bezeichnung *Ausstieg* eine hohe Popularität in den einschlägigen Arbeitsfeldern. In dieser Arbeit wird er analog zu dem Begriff der *Distanzierung* verwendet.

Zum Einen bezieht der Begriff der *Distanzierung* sich auf die Herauslösung aus einschlägigen politischen Kontexten, den Abstand zu kriminellen Handlungen oder das Nicht-mehr-straffällig-Werden (vgl. Rieker 2014: 23). Zum Anderen:

> *"(...) umfasst der Begriff neben der alltagsweltlichen Abwendung von sich extrem rechts positionierenden Gruppierungen und dem Unterlassen eines entsprechenden extremistischen Verhaltens auch eine Veränderung der politischen Vorstellungen; letzteres nach Möglichkeit in Richtung auf die Gewinnung demokratischer Überzeugungen, zumindest jedoch vorerst soweit, dass die vormals besessenen Orientierungen ihre Kohärenz verlieren, höchstens isolierte Rudimente verbleiben und diese in keinerlei Weise mehr verahltensleitend werden."* (Rieker 2014: 23)

Auch rechtsaffine und rechtsextrem orientierte Menschen können Zielgruppe auf Ebene sekundärer Prävention sein. Die *Bundesarbeitsgemeinschaft Ausstieg zum Einstieg* definiert im gemeinsamen Verständnis ihre Zielgruppe:

> *"Die Arbeit der Mitgleider der BAG richtet sich an ausstiegswillige Frauen und Männer gleichermaßen und nimmt auch deren Umfeld in den Blick. Sie bietet ebenfalls Beratung für Eltern, Angehörige und Fachkräfte und kann in das Gemeinwesen direkt hineinwirken. Weiterhin gehören rechtsaffine und rechtsextrem orientierte Menschen im Rahmen der sekundären Prävention zur Zielgruppe der Mitgleider der BAG. Darüber hinaus sind die Mitglieder der BAG wichtige Multiplikator_innen für das Thema "sekundäre Prävention und Ausstiegsarbeit in der (Zivil-) Gesellschaft."* (Qualitätsstandards der BAG-Ausstieg zum Einstieg 2015: 5)

Glaser, Hohnstein und Greuel definieren Hilfen zum Ausstieg über die Adressaten:

> *"Als "Hilfen zum Ausstieg" verstehen wir (...) solche Angebote, die ihrer beschriebenen Praxis zufolge tatsächlich (zumindest auch) mit Personen arbeiten, die nicht nur als rechtsextrem "gefährdet" gelten, sondern bereits rechtsextreme Orientierungen, Zugehörigkeiten und Verhaltensweisen ausgeprägt haben."* (Glaser/Hohnstein/Greuel in: Rieker 2014: 46)

Ausstiegsbegleitung richtet sich demnach sowohl an Menschen, die sich fest innerhalb rechter Strukturen bewegen, als auch im Bereich sekundärer Prävention an Menschen, die eine Affinität für rechte Haltungen oder eine rechte Orientierung haben, jedoch sich nicht zwingend in rechten Kontexten bewegen müssen. Beispielsweise kann der Schwerpunkt auf der Beratung von Menschen aus rechten Kadern liegen oder aber im Bereich der Prävention, bei Menschen, die eine weitere Hinwendung zu rechten Strukturen vermeiden wollen oder Irritationen in ihrer Haltung bemerken und deshalb Beratungsangebote aufsuchen.

> *"Im Hinblick auf ihre Zielgruppen repräsentieren (die) Aussteigerprogramme ein breites Spektrum: Sie richten sich teilweise speziell an sogenannte "Führungskader", an Jugendliche bzw. junge Erwachsene, an Strafgefangene oder an Familienangehörige von Rechtsextremisten. Diese Projekte verfolgen unterschiedliche Ziele, arbeiten mit unterschiedlichen Methoden und orientieren sich an unterschiedlichen Konzepten."* (Rieker 2014: 8)

Die Ausstiegsangebote sind keineswegs homogen, sondern in unterschiedliche Schwerpunkte ausdifferenziert. Dies ist durch unterschiedliche örtliche Gegebenheiten und unterschiedliche Erfordernisse der Praxis begründet. Die Entwicklung der meisten Programme und Angebote sind vor Ort entstanden und demnach eher praxisgeleitet (vgl. Rieker 2009:124).

Rieker fasst die folgenden Punkte, geltend für sämtliche Ausstiegsangebote, zusammen:

– *"Ausstiegsarbeit wird teilweise eher begrenzt auf den unmittelbaren Prozess der Distanzierung von einer extremistischen Szene verstanden, teilweise wird sie aber auch umfassender im Sinne einer nachträglichen Sozialisation oder als Hilfe zum Erwerb grundsätzlicher Fähigkeiten zur eigenständigen Lebensführung verstanden.*
– *Ausstiegsarbeit kann sich auf Diskussionen oder Überzeugungsarbeit in Hinblick auf politische, ideologische bzw. religiöse Ansichten beziehen, sie kann auf Unterstützung bei der Bewältigung des Alltags oder alltagspraktischer Probleme gerichtet sein, sie kann mit einer Amnestie oder mit Strafminderung verbunden sein oder mit der Gewährleistung von Sicherheit.*
– *Ausstiegsarbeit setzt teilweise eine individuelle Ausstiegsmotivation voraus, teilweise soll diese im Verlauf des Ausstiegsprozesses auch erst*

geweckt werden, wofür von Aussteigenden mitunter die respektvolle
oder offene Haltungvon Ausstiegshelfern als wichtig bezeichnet wird. (...).

– *Hilfen zum Ausstieg werden verschiedentlich auch den Frauen, Kindern*
und anderen Familienangehörigen derjenigen gewährt, deren Ausstieg
begleitet wird. Allerdings werden die Angehörigen der Aussteigenden
mitunter auch als mitverantwortlich für das Gelingen des
Ausstiegsprozesses angesehen."
(Rieker 2014 S: 13f.)

Das Zielgruppenverständnis innerhalb dieser Arbeit bezieht sich auf ein breiteres Spektrum und versteht als Aussteiger_innen alle Personen, die einerseits fest in rechten Strukturen verankert waren als auch solche, die sich in der Annäherungsphase an rechte Strukturen befinden.

Häufig ist besteht die Hilfe zum Ausstieg aus einer Mischform. Dies bedeutet, dass die oben genannten Bestandteile nicht voneinander getrennt sind. Es existieren Überschneidungen. So könnte beispielsweise die Gewährleistung von Sicherheit auch mit einer inhaltlich-ideologischen Auseinandersetzung einhergehen. Auch andere Überschneidungen sind denkbar und abhängig von der individuellen Ausgangssituation der Klient_innen.

Ausgehend davon, welche Personen von Angeboten der Ausstiegs- und Distanzierungsarbeit erreicht werden, kann jedoch gesagt werden:

"Von Distanzierungsangeboten werden in größerem Umfang (männliche)
Personen erreicht, die kumulierende psychische und soziale Problemlagen
aufweisen, eher aus einem gewaltorientiert-subkulturellen Bereich stammen
und einen vglw. hohen Problemdruck mitbringen."
(Schuhmacher 2017: 25)

Aufgrund der oben genannten Heterogenität der Zielgruppe, variiert die Ausgestaltung von Ausstiegsbegleitungen und Prozessen erheblich, je nachdem ob sich Klient_innen in der Affinisierungs-, Konsolidierungs- oder Fundamentalisierungsphase befinden. Die Forschung geht davon aus, dass je fester jemand in rechten Strukturen verwurzelt ist, desto schwieriger gestaltet sich die Ablösung aus diesen. (Vgl. Möller/Wesche in Rieker 2014: 22).

Zusammenfassend kann also gesagt werden, dass ein breites Spektrum von Ausstiegs- und Distanzierungsangeboten besteht, die unterschiedliche Akzentverschiebungen beinhalten. Gemeinsam ist allen die Arbeit mit Menschen, die sich rechter Ideologie oder rechten Strukturen zugehörig fühlen. Damit ist ein weites Verständnis des Rechtsextremismusgegriffes zugrunde gelegt, der durch das *Syndrom der Gruppenbezogenen Menschenfeindlichkeit (GMF)* erweitert wird und somit auch die Zugänge zu Ausstiegs- und Distanzierungsangeboten erweitert. Die Inhalte der Arbeit können dabei stark variieren und ist abhängig von den individuellen Situationen der Klient_innen, bzw. regionalen Gegebenheiten und Erfordernissen, quasi der Umwelt, in welcher Klient_innen sich bewegen.

2.3. Ausstieg als Prozess

Möller und Wesche betonen, dass es sich bei Ausstiegsprozessen um Prozesse handelt, in welchen Klient_innen im Begriff sind, sich aus Strukturen zu lösen, die durch eine Verquickung von Ungleichheitsvorstellungen und Gewaltakzeptanz geprägt sind. (Vgl. Möller/Wesche in Rieker 2014: 22).

Bei einem Ausstiegsprozess handelt es sich:

> *"(...) um ein Geschehen, dass sich über einen gewissen, im Einzelnen verschieden lang andauernden Zeitraum erstreckt. So wenig wie Distanzierung ein statischer Zustand ist, so sehr beinhaltet der so bezeichnete Prozess die Dynamik einer Entwicklung, die nicht unbedingt linear verlaufen muss. Rückschläge, Abbrüche, Wiederaufnahmen der Absetzbewegung von der extremen Rechten sind ihm unter Umständen inhärent."* (Möller/Wesche in Rieker 2014: 23)

Möller und Schuhmacher definieren drei unterschiedliche Stadien der Distanzierung und betonen damit die Prozesshaftigkeit von Ausstiegs-, Distanzierungs- oder Ablösungsprozessen. Sie unterteilen einen Ausstieg in die Phasen: *(1) Irritationen inhärenter und kohärenter Überzeugungen, (2) innere und lebenspraktische Loslösung und (3) Manifestierung von innerer und lebenspraktischer Distanz.* (Vgl. Rieker 2014: 24). Jeder Phase werden jeweils phasenspezifische Anforderungen und Fragestellungen zugeordnet, welche sensibel wahrgenommen werden müssen und auf die im Beratungskontext ebenso von Berater_innenseite eingegangen werden muss.

Rieker beschreibt den Prozess der Distanzierung bildlich als *Erfahrungsdreieck*, innerhalb dessen das Subjekt sich, im übertragenen Sinne, bewegt. Auf unterschiedlichen Ebenen und in unterschiedlichen Bezügen zur Szene, zu außerhalb der Szene und zu sich selbst macht das Subjekt (Sinn-)Erfahrungen und erlebt Entwicklungen, welche den Prozess begleiten.

> *"Äußerlich betrachtet vollziehen sich die Entwicklungen in diesen Dimensionen in einem Erfahrungsdreieck von spezifischen Erfahrungen im Binnenraum der Szene (1), sozialen Praxiszusammenhängen außerhalb der Szene (Familie, Peers, Beruf etc.) (2) und den Herausforderungen der Gestaltung lebensphasenspezifischer Entwicklungsaufgaben."* (Rieker 2014: 25)

Zu den unterschiedlichen Dimensionen dieser Erfahrungen gehören:

- *Möglichkeiten, die eigene Realität zu kontrollieren*
- *Integration in soziale Kontexte und Deutungswelten*
- *neuartige sinnliche Erfahrungen*
- *Sinnbezüge*
- *Selbst- und Sozialkompetenzen*
  (Vgl. Rieker 2014: 25)

Bei einem Ausstiegsprozess handelt es sich demnach um ein hochkomplexes Geflecht der oben genannten Dimensionen. Insofern können Klient_innen teilweise über mehrere Jahre begleitet werden, bis sie sich ein stabiles Netz erarbeitet haben. Teilweise wird ein Ablösungsprozess aus rechten Strukturen von Klient_innen höchst schwierig erlebt, da dies einhergehend mit einem Verlust sozialer Kontakte, Freundschaften und strukturgebenden Abläufen ist, die manchmal mühsam wieder neu erarbeitet werden müssen. Dies erfordert Zeit und Ausdauer der Klient_innen.

2.4. Rechte Realitäten – Rechte Strukturen – Rechte Kulturen

Wenn von der Arbeit mit Rechten gesprochen wird, kann nicht von *dem Rechten* die Rede sein. Das klischeehafte Bild vom *männlichen rechtsextremen Jugendlichen* mit äußerlich sichtbaren Attributen ist unscharf. *"Den Bilderbuchskin mit (...) Springerstiefeln gibt es nicht mehr"* (Staud/Radke 2012: 7). Rechte Strukturen sind geprägt von einer hohen Ausdifferenzierung unterschiedlich strukturierter Gruppen, in denen Jugendliche und junge Menschen sich bewegen können. So existieren momentan etwa Identitäre, Reichsbürger, diverse Jugendorganisationen, die zum Teil an Parteien, z.B. der NPD oder der AFD[12] angebunden und teilweise verboten sind, sowie sogenannte *freie Kameradschaften* oder *autonome Nationalisten*[13]. Letztere weisen lose und informelle Strukturen auf. Es wird davon ausgegangen, dass es zwischen den unterschiedlichen Organisationen und Zusammenschlüssen personelle Überschneidungen gibt.[14] Mit den Kameradschaften und autonomen Nationalisten (AN) wird zudem eine hohe Gewaltbereitschaft assoziiert.[15] Die autonomen Nationalisten adaptieren Kleidungscodes und Praxen der linksautonomen Szene (vgl. Staud/Radke 2012: 9). Sie vereinnahmen die Ästhetik und Symbolik ihrer politischen Gegner (vgl. Staud/Radke 2012: 75). Äußerlich habe eine Anpassung an den Zeitgeist des 21. Jahrhunderts stattgefunden, inhaltlich werden jedoch unterschwellig antiquierte Wertevorstellungen des Nationalsozialismus transportiert (vgl.

---

12 Anm. d. Autors: Obwohl die AFD zur Zeit im Parteienspektrum als demokratische Partei angesehen wird, gibt es Berichte über eine klare rechtsextremistische Ausrichtung ihrer Jugendorganisationen.
Vgl. https://www.zeit.de/politik/deutschland/2015-01/junge-alternative-sachsen (Stand: 21.09.2018)

13 Deutscher Bundestag (2009) *Rechtsextremistische Jugendorganisationen in der Bundesrepublik Deutschland.* Online unter:
https://www.bundestag.de/blob/411686/a378788b9fee7dae351a91154fff40dd/wd-1-022-09-pdf-data.pdf (Abruf: 21.09.2018) pdf-Seite 4

14 ebd.

15 ebd.

Staud/Radke 2012: 10). *"Die rechte Jugendkultur ist heute ein lebendiger Kosmos mit einer schier unüberschaubaren Vielfalt an Musik- und Kleidungsstilen* (Staud/Radke 2012: 10)*.*

> *"Die Autonomen Nationalisten schaffen, was bislang in der rechtsextremen Szene als Ding der Unmöglichkeit galt: Sie leben gleichzeitig verschiedene Identitäten. (...) Von Patchworkidentitäten sprechen Soziologen: Man mischt zusammen, was gefällt. Ein Trend, der schon länger bei Jugendlichen zu beobachten ist – nun ist er auch in der Neonaziszene angekommen."*
> (Staud/Radke 2012: 77)

Auf diese Weise wird jungen Menschen eine Lebens- und Erlebniswelt offeriert, die zunächst einladend und individualistisch wirkt, mit Erlebnisangeboten lockt und potentielle Möglichkeiten zur Identifikation und Abgrenzung bietet. Im Kern werden nationalistische Inhalte transportiert.

> *"Es ist ein rechter Lifestyle mit eigener Musik, Kleidung und Symbolik entstanden, der für viele Jugendliche verlockend ist, weil er einerseits Identität stiftend, andererseits auch für Abgrenzung tauglich erscheint. Eine ´Erlebniswelt Rechts´ bietet nicht nur Spaß, Action und Events, sondern auch die Chance, in eine für Erwachsene nicht einsehbare Parallelwelt einzutauchen."*
> (Konz/Lobermeier/koch 2006: 16)

Thomas Pfeiffer beschreibt die moderne rechte Kultur. Er hebt die Anpassung der Angebote an die Bedürfnisse der Adressat_innen hervor. In diesem Bereich hat die Szene eine Verlagerung aus rein politischer Ebene auf die alltagsweltliche Ebene vollzogen und versucht *die Zielgruppe dort abzuholen, wo sie sich befindet*:

> *"Häufig wirkt der Rechtsextremismus keineswegs altbacken oder ewiggestrig, vielmehr spricht er die Symbolsprache des 21. Jahrhunderts: Rockmusik ist zum wichtigen Träger ideologischer Botschaften geworden, Volksverhetzung taucht nicht selten in modernem Web-Design auf. Zum anderen hat sich das Aktionsfeld der Szene verlagert. Standen in der Vergangenheit Wahlkämpfe und ideologische Debatten im Vordergrund, versucht die Szene heute unmittelbarer – und wirksamer – Einfluss zu gewinnen. Sie zielt auf den Alltag ihrer potenziellen Anhänger, das heißt: die Lebenswelt insbesondere von Jugendlichen. Die Kombination von Freizeit- und Unterhaltungswert mit politischen Inhalten, die um einen fremdenfeindlichen Kern und die Verherrlichung, zumindest die Verharmlosung des Nationalsozialismus kreisen, ist zum Kennzeichen des zeitgenössischen Rechtsextremismus geworden. Diese Verbindung kann als 'Erlebnswelt Rechtsextremismus' bezeichnet werden."*

Diese Erlebniswelt bietet Jugendlichen Reiz und Anziehungkraft durch Angebote, die Erlebnisse verheißen (vgl. Pfeiffer in Glaser/Pfeiffer 2017: 42). Sie unterstützen damit die Affinität junger Menschen für die Annäherung an die rechte Szene.

> *"Warum ist die rechte Szene für einige Jugendliche so attraktiv? Ausschlaggebend kann das Zugehörigkeitsgefühl zu einer `starken Gemeinschaft` sein, die neue Vorbilder bereithält. Zusätzlich wirken Attraktivitätsangebote der `Erlebniswelt Rechts`, die sich über Action, Thrill, Adrenalin, Jugendkultur, Identitätsstiftung bis hin zur Sucht nach Aufwertung der eigenen Persönlichkeit durch die permanente Abwertung von Menschen, die nicht ins rechtsextreme ideologische Weltbild passen, erstrecken."*
> (F. 2017: 62) [17]

Rechtsextreme Jugendliche können heutzutage nicht mehr, wie etwa bis in die 90er Jahre, mit dem Phänomen *Modernisierungsverlierer* erklärt werden. Wippermann betont eine Verknüpfung zu Emotionalität und Erlebnisorientierung (vgl. Landespräventionsrat Schleswig-Holstein 2016: 2). Pfeiffer benennt die Bedeutung und Praxis von Gemeinschaft, die innerhalb rechter Strukturen als Kameradschaft bezeichnet wird, als zentralen Gesichtspunkt.

Es ist nicht auf eine männliche Geschlechtszugehörigkeit reduzierbar, wenn man darauf schaut, wer sich in rechten Strukturen bewegt. So stammt *"jede dritte Stimme für die neonazisitische NPD von Frauen. Etwa jeder fünfte Neonazi ist weiblich"* (Zentrum Demokratische Bildung 2015: 7). Diese Zahlen variieren regional im Bundesgebiet (vgl. Zentrum Demokratische Bildung 2015: 7). Weibliche Klient_innen spielen im Kontext von Ausstieg allerdings eine marginale Rolle, da sie in den Programmen nur teilweise oder gar nicht aufzufinden sind (vgl. Rieker

---

16 Anm. d. Autors: Pfeiffer bezeichnet mit "Erlebniswelt Rechtsextremismus" die Gesamtheit aller Formen, mit denen sich Rechtsextremisten gezielt an Jugendliche wenden.

17 F. gibt als Quelle in seiner Autobiographie auf Seite 62 "reset – Beratung und Begleitung bei der Loslösung vom Rechtsextremismus im Land Bremen" an. Das Initial des Nachnamens "F." entspricht dem korrekten Autorennamen. Das Buch wurde mit anonymisiertem Autorennamen veröffentlicht.

2014: 68).

Auch dem Vorurteil, Rechtsextremismus sei ein reines Phänomen sozial benachteiligter Gesellschaftsbereiche wird entgegengehalten:

> *"Es konnte, wie auch in zahlreichen Studien bestätigt, festgestellt werden, dass nicht nur Familien aus schwierigen sozialen Kontexten mit dem Phänomen Rechtextremismus konfrontiert sind, sondern dass derartige politische Orientierungen auch in 'intakten Familienstrukturen' zum Tragen kommen, in denen konstruktive und demokratische Konfliktregelungen vorgelebt und gelebt wurden."*
> (Lobermeier 2006: 66)

Hinzu kommt, dass rechte Ideologien heutzutage durch die sogenannte "Neue Rechte" getragen und mit weiteren Inhalten gefüllt werden, die modern und zeitgenössisch sind. Auf diese Weise werden gerade jüngere Menschen gezielt angesprochen. Zu den Adressaten gehören nunmehr nicht nur der Rand der Gesellschaft, sondern vielmehr ihre Mitte. Rechte Ideologie wird geschickt verpackt und salonfähig dargestellt. So greift etwa ein sich juvenil gerierender Martin Sellner, rechter Aktivist und Gallionsfigur der Identitären, den YouTuber *Le Floid* auf seinem eigenen YouTube-Kanal auf und gibt vor, dessen Doppelmoral zu demaskieren.[18] In anderen Videos präsentiert sich Sellner als sympathischer und humorvoller Gesprächspartner, der sich auf Englisch mit attraktiven und jungen Frauen über "Masseneinwanderung", "Überfremdung" und den "Verlust von Identität" in Europa und den USA austauscht. Es wird von einer *generation identity* gesprochen. In den Kommentaren tauchen kaum politische Themen auf. Vielmehr tauschen sich Sellners *follower* darüber aus: *"Wie Sie ihn anschaut die ganze Zeit...süss ;-)"*[19] oder *"Die in der Mitte ist in Martin verknallt, sieht man voll. :D"* [20] Auf ähnliche Art und Weise trifft Sellner unterschiedliche Gesprächspartner_innen und thematisiert vordergründig Themen, die eine hohe allgemeine Relevanz haben und

---

18 Vgl. https://www.youtube.com/watch?v=Lj8XJAc1qWM (Abruf: 12.11. 2018)
19 Martin Sellner (2017) *The American and European Right - Lauren Southern, Brittany Pettibone & Martin Sellner.* Online unter: https://www.youtube.com/watch?v=cgwerO355t0 (Abruf: 12.11. 2018)
20 ebd.

platziert rechte Haltungen darin. In dem Fomat *"Auf eine Melange mit ..."*, welches ebenfalls auf YouTube zu finden ist, trifft Sellner auf den rechten Denker Martin Lichtmesz. Beide inszenieren sich als Bildungsbürger, die sich sprachlich elaboriert und im intellektuellen Gestus austauschen und zu politisch brisanten Themen äußern.[21] Sellner schafft damit – sofern es nicht hinterfragt wird - ein zunächst positiv besetztes Bild eines Rechtsintellektuellen, das dem klischeehaften Konzept des dümmlichen, gewaltbereiten Neonazi-Schlägers entgegensteht und an vielen Punkten Anschlussfähigkeiten für junge Menschen bieten kann. Auf diese Weise versucht die Neue Rechte ein breites gesellschaftliches Spektrum zu bedienen.

Zusammenfassend ist festzustellen, dass die rechte Szene in den letzten Jahren eine erhebliche Ausdifferenzierung in ihren Inhalten und ihrer Erscheinungsform erfahren hat. Inhaltlich versucht rechte Ideologie in der gesellschaftlichen Mitte anzudocken und teilweise auch intellektuelle Erscheinungsformen anzunehmen. Auf diese Weise wird versucht aus der kulturelle Randerscheinung herauszutreten und nicht weiter marginalisiert zu sein. Rechts will attraktiv wirken und versucht so einen Raum für Identifizierungsmöglichkeiten zu bieten. Für die Ausstiegsberatung ist es daher wichtig, diese Realitäten zu kennen, um mit Klient_innen zu reflektieren, welche Funktionen die Zugehörigkeit zur rechten Szene oder zu rechten Strukturen in der bisherigen Biographie von Klient_innen eingenommen hat und zu erarbeiten, welche adäquaten und gleichzeitig sozial verträglichen Alternativen es für Klient_innen geben könnte.

---

21 Martin Sellner (2018) *Schwarz und Weiß. Auf eine Melange mit Lichtmesz. Folge 1.* Vgl. online unter: https://www.youtube.com/watch?v=R38ryKO2e9c (Abruf: 12.11. 2018)

2.5. Gründe für einen Ausstieg

Die Gründe und Motivationen von Menschen, sich aus rechten Strukturen zu lösen, können sehr unterschiedlich sein und variieren von Person zu Person stark. So kann es zum Beispiel zwischen unterschiedlichen Klient_innen eine Bandbreite geben, zwischen dem Wunsch, straffrei bleiben, gewaltfrei leben wollen oder dem Leben einen anderen Sinn zu geben.

Zudem ist die Ausstiegsmotivation auf ein Zusammenwirken unterschiedlicher Faktoren zurückzuführen, die an dieser Stelle kurz aufgezählt und erläutert werden sollen. Zu den ausstiegsbegünstigenden Bedingungen zählen:

- *Negativerfahrungen innerhalb der rechtsextremen Szene*, beispielsweise durch Erfahrungen von Verunglimpfung, Drangsalierung, Misshandlungen, illoyalem Verhalten anderer oder bei Frauen auch die Erfahrung nicht als eigenständige Person, sondern als Anhängsel betrachtet zu werden.

- *Positive Erfahrungen außerhalb der rechten Szene*, zum Beispiel durch Unterstützung von außerhalb, Bindungen zu Personen außerhalb rechter Strukturen oder positive Erfahrungen mit Migrant_innen.

- *Erfahrungen der Sanktionierung*, wie etwa Gefängnisaufenthalte oder Strafverfolgung, die als abeschreckend erlebt werden können. (Vgl. Rieker 2009: 121f.)

Menschen, die sich aus rechten Strukturen lösen konnten, berichten von angedrohter beziehungsweise ausgeübter körperlicher Gewalt untereinander innerhalb der Szene:

> *"Unter Androhung wurden Sachen innerhalb der Gruppe verlangt. (...) Da wird nicht viel diskutiert (...). Einmal vor die Tür gegangen, dann wird das schnell geklärt."*
> *(...)*
> *"Wegen irgendwelchem Kleinkram gab es mal Streit. (...) Im Auto schlug er*

mit dem Kolben einer Pistole auf ihn ein (...). Der hat so lange auf den Kopf seines früheren Gruppenkollegen eingeschlagen, bis der blutüberströmt überm Lenkrad lag."
(Speit, 2005: 28)

Schilderungen wie diese sind in unterschiedlichen Erfahrungsberichten zu finden. Gewalt innerhalb der Szene stellt einen Normalfall da. Ebenso ist Gewalt ein innerszenisch anerkanntes Mittel um Hierarchien zu betonen und Scheinloyalität aufrecht zu erhalten, beziehungsweise es wird mit Gewalt gedroht, wenn es darum geht die Mitglieder an sich zu binden und nach außen hin Verschwiegenheit über Szene-Interna zu gewährleisten.

Menschen, die sich von rechten Strukturen Gemeinschaftsgefühl, Zusammenhalt oder – den in rechten Kreisen häufig proklamierten Begriff – Kameradschaft versprechen, bemerken oft deren Grenzen oder genau das Gegenteil ihrer Erwartungen und können daher desillusioniert sein:

"Die erzählten immer, dass Kameradschaft wesentlich mehr als Freundschaft ist. Das war aber nicht so. (...) Das Gerede von Kameradschaft war nur so eine hohle Phrase. Klar, wenn irgendwer verprügelt wurde, dann ging man dahin und hat ihm geholfen, hat dann da Rache gemacht oder solche Scherze. Das war alles klar. (...) Aber sobald es dann in die Tiefe ging, man vielleicht echte private Probleme hatte oder man eine total andere Meinung hatte, (...) da war dann nichts von Zusammenhalt und Ehrlichkeit."
(Speit 2005: 5)

Es werden also gerade die Bedürfnisse nicht bedient, die zu einem früheren Zeitpunkt die Annäherung zu rechten Strukturen erleichtert haben. Wer "wahre Freundschaft" suchte, stark sein wollte, Zusammenhalt und Sicherheit forcierte, Dazugehörigkeit wollte oder "für das Gute einstehen" wollte, wird vermutlich auf lange Sicht enttäuscht werden.

Nicht nur negative Erfahrungen oder Irritationen innerhalb der Szene können Menschen motivieren auszusteigen; auch positive Erfahrungen, die Menschen außerhalb dieser machen, können zu den Beweggründen und Motivationen zählen. Dies könnte zum Beispiel als positiv wahrgenommene Unterstützung von außen sein, oder Menschen, die eine besondere Rolle im Leben der Klient_innen spielen. Partnerschaften oder sonstige Bindungen, die positiv besetzt werden. Auch das Eltern-Werden kann motivieren, sich aus der Szene distanzieren zu wollen, den Lebensmittelpunkt zu hinterfragen und für sich neu zu definieren. Ebenfalls positive Erfahrungen mit Menschen mit Migrationshintergrund, die eine Irritation im positiven Sinne hervorrufen, können Menschen zu einem Ausstieg bewegen.

Ein weiterer häufiger Grund für Menschen, sich aus rechten Strukturen zu lösen können Sanktionen oder Haftaufenthalte sein. Sie können eine abschreckende Wirkung haben und etwa zu der Frage anregen, ob dies das Leben ist, was die inhaftierte Person leben möchte.

Über Gründe zu sprechen, kann auch bedeuten Ziele und Bedürfnisse zu lokalisieren. Viele Klient_innen können aufgrund eindeutiger Erfahrung sehr gut benennen, was ihnen gut tut und was nicht *("Ich möchte nicht mehr gewalttätig sein."; "Drogen und Alkohol machen mich kaputt."; "Ich habe keinen Bock mehr, mein Geld für Sachbeschädigungen oder Schmerzensgeld auszugeben.")*[22] Im Kontext der Systemischen Beratung können daraus mit Klient_innen Ziele erarbeitet werden.

---

22 Diese Beispiele stammen aus Dokumentationen von Gesprächen mit Klient_innen aus dem Arbeitskontext des Autors in der mobilen Ausstiegsbegleitung bei dem Träger KAST.

Teil II Systemische Beratung

II Systemische Beratung

3. Theoretische Grundlagen der systemische Beratung

In diesem zweiten Teil geht es um die theoretischen Grundlagen der Systemischen Beratung (SB). Die Entwicklung der SB mit ihrer Geschichte - von der Entdeckung des Familiensettings, über die verschiedenen Formen der Familientherapie, das Mental Research Institute, das Mailänder Modell, bis hin zum heutigen Stand der SB – ist nicht zentral für diese Arbeit. Seit Mitte der 1990er-Jahre gab es keinen Paradigmenwechsel, dafür jedoch unterschiedliche Weiterentwicklungen und Akzentverschiebungen in der Systemischen Beratung. Der Bezug von Systemischer Beratung im Kontext von Ausstiegs- und Distanzierungsarbeit im Kontext Rechtsextremismus ist als eine dieser jüngeren Weiterentwicklungen anzusehen, die auf ein spezifisches Themenfeld zugeschnitten werden.

Im Folgenden werden die aus heutiger Sicht wichtigen und nach wie vor gültigen theoretischen Grundbausteine der SB erläutert. Zum Einen fußt die Systemische Beratung auf dem Konstruktivismus, zum Anderen auf der Systemtheorie. Folgend werden diese beiden Grundlagen erläutert.

3.1. Konstruktivismus

Eines der Standbeine, auf denen die Systemischen Beratung fußt, ist der Konstruktivismus. Er ist quasi die erkenntnistheoretische Grundlage der Systemischen Beratung. Im Konstruktivismus wird davon ausgegangen, dass die Welt an sich nicht objektiv ist. Seine Kernthese ist: Es gibt keine Beobachtung, die unabhängig vom Beobachter ist (vgl. Pallasch/Kölln 2014: 22). Wirklichkeit wird vom Individuum vorgefunden. Da jedes Individuum eine eigene Perspektive hat und subjektive Filter zur Wahrnehmung der Welt besitzt, ist auch die Wirklichkeit etwas, was vom

Subjekt geschaffen wird. Maturana beschreibt: *"Ein System ist nicht ein Etwas, das dem Beobachter präsentiert wird, es ist ein Etwas, das von ihm erkannt wird" (Maturana 1982: 175).* Das Individuum wird also zum Konstrukteur seiner subjektiven Wirklichkeit.[23] Wahrnehmen, Beobachten und Erkennen sind kognitive Leistungen (vgl. Pallasch/Kölln 2014: 23). Dabei ist das Individuum abhängig von den eigenen Sinnen und Fähigkeiten um seine Umgebung über Reize von außen wahrzunehmen. *"Erkennen ist an die Bedingungen des menschlichen Gehirns gebunden"* (von Schlippe/Schweitzer 2016: 120).

> *"Die senosorischen Rezeptoren des Menschen, egal ob sie Druck, Geschmack, Licht, Wärme, Geräusche usw. Aufnehmen, können nur die Intensität eines Reizes, nicht aber seine Qualität bestimmen. Die menschlichen Nervenzellen registrieren die Quantität einer Erregung, nicht aber deren Qualität (...)."*
> (von Schlippe/Schweitzer, 2016: 121)

Von Foerster vertieft, es gäbe weder Licht noch Farben, sondern zunächst einmal lediglich elektromagnetische Wellen; es gäbe weder Klänge noch Musik, sondern periodische Druckwellen in der Luft (vgl. von Schlippe/Schweitzer 2016: 121). Was im Endeffekt aus diesen Gegebenheiten von Beobachter_innen konstruiert wird, ist auf Seiten des Wirklichkeit wahrnehmenden Individuums zu verorten.

> *"Der Beobachter konstruiert, was unterschieden wird. Er erzeugt im Akt des Unterscheidens aktiv zusammenhängende Erfahrungsfelder, so genannte kohärente Erfahrungsbereiche, denen er Objekte, Erklärungen, Beziehungen usw. zuordnet. Menschliche Erkenntnisse sind daher nicht objektiv richtig oder wahr, sondern variabel, d.h. sie müssen in die bereits vorhandene Erfahrungswelt hineinpassen."*
> (Vgl. Pallasch/Kölln, 2014: 23)

Die Beobachterin oder der Beobachter entscheidet also – bewusst oder

---

23 Fritz B. Simon weißt auf eine Problematik des Terminus *Wirklichkeitskontruktion* hin, da er einen bewussten und gezielten Aufbau eines Weltbildes suggeriert. Er bemerkt eine gezielte, bewusste Einflussnahme nur in Ausnahmefällen. Vielmehr entwickle sich das Weltbild des Menschen nach evolutionären Prinzipien. Ausgehend von einem evolutionären Dreischritt *"Variation – Selektion – Retention"* schlägt er den Terminus *Selbstorganisation des Modells der Wirklichkeit* vor. (Vgl. Simon, 2018, S. 30) Da der Begriff der *Wirklichkeitskonstruktion* zum derzeitigen Forschungsstand am gebräuchlichsten ist, wird er im Rahmen dieser Arbeit beibehalten.

meistens unbewusst – anhand des individuellen Filters, wie Wirklichkeit wahrgenommen wird und wie diese beobachtet, erklärt und bewertet wird. Infolge dieses Prinzips, was als Wirklichkeit wahrgenommen wird und was nicht, findet gleichzeitig ein Prozess des Abgrenzens der Dinge statt, die nicht zur individuellen Wirklichkeit zählen. Hier verbinden sich der Konstruktivismus mit der Systemtheorie. Etwas wird als schlüssig, sinnhaft oder in sich geschlossen wahrgenommen; andere Möglichkeiten werden ausgeklammert, beziehungsweise gar nicht bewusst wahrgenommen. Fritz B. Simon beschreibt dieses Phänomen in seiner *Systemtheorie des Konflikts* mit einem Bild auf welchem gleichzeitig eine alte Frau oder ein junges Mädchen sichtbar sind (vgl. Simon 2018: 15). In dieser optischen Täuschung können auf den ersten Blick eindeutige Attribute aus einer anderen Perspektive etwas ganz anderes bedeuten. So wäre zum Beispiel auf den ersten Blick das Profil des jungen Mädchens auch als höckrige Nase der alten Frau zu deuten; das Ohr des jungen Mädchens würde zum Auge der alten Frau und so weiter. Wichtig ist, dass während des Erkennens eines Bildes, aufgrund selektiver Wahrnehmung, gleichzeitig das jeweils andere negiert wird. Wahrnehmen bedeutet also auch immer eine Entscheidung dafür, was gesehen wird und gleichzeitig eine Entscheidung gegen eine andere Perspektive, die womöglich nicht einer individuellen oder persönlichen Lesart entspricht.

> *"Wann immer ein Beobachter unterscheidet, schafft er Einheiten mit einer Innen- und einer Außenseite. (...) Der einen Seite wird dabei ein definierendes Merkmal der Unterscheidung (oder eine Menge/Kombination solcher Merkmale) zugeschrieben und der anderen nicht. Das heißt, die Außenseite bildet implizit oder explizit die Negation der Innenseite in bezug auf die jeweiligen Merkmale der Unterscheidung: die Wurzel aller Konflikte."*
> (Simon 2018: 15)

Fritz B. Simon untersucht dies in Bezug auf Konflikte, die entstehen, wenn zwei Individuen aufeinander treffen und aufgrund ihrer Wahrnehmungen eine Sache unterschiedlich bewerten. Für den beraterischen Kontext aber kann die Metaphorik mit dem Bild der alten Frau/des jungen Mädchen gewinnbringend sein, in der Hinsicht, dass ein Zulassen anderer Perspektiven auch Potentiale bietet für Irritationen des eigenen Weltbildes. Diese können im positiven Sinne genutzt werden.

Der soziale Konstruktivismus betont, stärker als der Konstruktivismus, die Funktion sozialer Prozesse in der Konstruktion von Wirklichkeit. Während der Konstruktivismus sich auf die Gegebenheiten des Gehirns fokussiert, erweitert der soziale Konstruktivismus den Fokus um die Wirkung von sozialer Interaktion zwischen Akteuren. Die Konstruktion von Wirklichkeit ist also nicht nur auf das Individuum und seine Art, die Welt zu erschaffen begrenzt (vgl. von Schlippe/Schweitzer 2016: 122), sondern um die Perspektive gesellschaftlicher Konstruktion von Wirklichkeit erweitert. *"Konversation, der Dialog, wird als der Ort gesehen, wo Wirklichkeit entsteht." (vgl. von Schlippe/Schweitzer 2016: 123).* Bedeutung wird demnach dialogisch oder vielmehr multilogisch innerhalb sozialer Systeme erzeugt.

> *"Realität ist also ein subjektives Konstrukt, das erst durch die Abstimmung mit den Konstrukten anderer Beobachter den Charakter einer ‚objektiven‘ Welt erhält, welche scheinbar unabhängig von unserer Wahrnehmung existiert. Die Kategorien zur Beurteilung unserer Wirklichkeitsmodelle in sozialen Bezügen sind nicht Wahrheit oder Objektivität, sondern Vereinbarung, Brauchbarkeit und Bewährung. Wirklichkeitskonstruktionen gelten dann als sozial verbindlich, wenn sie von den Mitgliedern einer Gesellschaft geteilt werden und den Bezugsrahmen für individuelles und kollektives Handeln bilden."*
> (Pallasch/Kölln 2014: 23)

In Beratungssettings wird also Bedeutung durch Interaktion und den Austausch von Beschreibungen durch die Teilnehmenden erzeugt. Durch charakteristische Methoden der systemischen Beratung, beispielsweise Reframing oder zirkuläre Fragen, können diese Aushandelungsprozesse in bezug auf die Konstruktion von Wirklichkeit, positiv genutzt werden. Systemisch zu arbeiten bedeutet auch immer ressourcen- und lösungsorientiert zu arbeiten. Hiermit wird der Fokus nicht auf die Defizite gerichtet, sondern auf mögliche Ressourcen der Klient_innen:

> *"Aus lösungsbezogener Perspektive ist dabei nicht die Frage, ob (...) Defizite*

vorhanden sind oder nicht, sondern welche Optionen sie den Betroffenen eröffnen oder verschließen. Als soziale Konstruktionen interessieren vor allen Dingen die Nützlichkeit oder Schädlichkeit der Konzepte in der Alltagspraxis und es erweist sich in der Beratung oft als nützlicher, davon auszugehen, dass Menschen an jedem Punkt ihrer Entwicklung über eine Vielzahl von Möglichkeiten verfügen, sie entscheiden sich aber – aus subjektiv nachvollziehbaren Gründen, vieles von dem, was sie tun könnten, zumindest vorläufig, noch nicht oder nur manchmal zu tun."
(Konz/Lobermeier/Koch 2006: 21)

Es geht also um die Erweiterung von Möglichkeiten, von Handlungsoptionen und um die Erweiterung von Perspektiven. Indem, gestützt durch bestimmte Methoden, unterschiedliche Perspektiven eingenommen werden, können Klient_innen einen Blick – verbunden mit etwaigen Handlungsalternativen - auf ihre Situation bekommen, der zuvor aufgrund der rein subjektiven Perspektive verwehrt war.

Wenn Wirklichkeiten unterschiedlich sind, weil jedes Individuum eine eigene Wirklichkeit konstruiert, hat dies auch Auswirkungen auf mögliche Handlungsspielräume.

"Damit müssen nicht nur die Wahrnehmungen der Beratungsnehmenden (und der Berater_innen) als jeweils vielfältig und subjektiv verstanden werden, sondern auch die möglichen Handlungsspielräume und Optionen in ihren vielfältigen Möglichkeiten anerkannt werden."
(Döcker/Georg/Kühling in: Becker/Schmitt 2019: 235)

Die nicht-objektivierbare Betrachtung der Wirklichkeit des Konstruktivismus ermöglicht in der Arbeit mit Klient_innen eine Aufweichung von Problembeschreibungen, da immer davon ausgegangen wird, dass die problematisierte Wahrnehmung von Wirklichkeit nur eine mögliche Beschreibung ist. Konstruktivismus bietet somit die Möglichkeit auch andere Beschreibungsoptionen hinzu zu ziehen, Kontextveränderungen vorzunehmen und den Fokus von beschrieben Problemen zu nehmen und zu positiveren Beschreibungen zu verändern.

3.2. Systemtheorie

Eine weitere Säule auf welcher die Systemische Beratung fußt, ist die Systemtheorie. Sie ist notwendig, da sie das Individuum in Systeme eingebunden versteht. Mit unterschiedlichen Teilnehmer_innen innerhalb von Systemen, stoßen auch unterschiedliche Wahrnehmungen und Realitätskonstruktionen aufeinander, die im Kapitel zu Konstruktivismus bereits beschrieben wurden. Systemtheorie ist ebenfalls wichtig, wenn es darum geht, eingeschliffene Muster, die ein System in seiner bisherigen Form gestützt haben, zu unterbrechen und neue Wege zu finden oder Handlungsalternativen zu entwickeln. Ein funktionierendes System ist nicht gleichbedeutend mit einer positiven Bewertung dessen. Es bedeutet, wertfrei formuliert, dass alle Teile des Systems so zusammen wirken, dass Kommunikation untereinander anschlussfähig ist und in der Lage ist, sich aufeinander zu beziehen. Dadurch wird das System in seiner Funktion stabilisiert; eigene Regeln gelten innerhalb des Systems. Das System ist, zum Zwecke des Selbsterhaltes, darauf angewiesen alle Elemente und Handlungsstrategien einzubeziehen.

In einem Beispiel ausgedrückt:

Eine allein erziehende Mutter hat ein zwölfjähriges Kind. Mit ihrem Kind bespricht sie Themen, die sie normalerweise mit ihrem Partner besprochen hatte, als die Familie noch zusammen lebte. Diese Themen könnten aus entwicklungspsychologischer Sicht altersunangemessen für das Kind sein. Dennoch übernimmt das Kind schon monatelang diesen Teil einer Rolle des erwachsenen Partners der Mutter. Begreift man die Mutter und das Kind als Familiensystem, könnte man wertfrei feststellen, dass die Kommunikation der Teilnehmenden sich aufeinander bezieht und zueinander anschlussfähig ist. Solange keiner der Teilnehmenden etwas verändert oder ein Teil in dieses System von außen hinzukommt, ist das System in dieser Form stabil.

Mit der Systemtheorie verbunden ist der Begriff der *Autopoiesis*. Der

Terminus beschreibt die Fähigkeit eines Lebewesens, sich fortwährend selbst zu erzeugen, zu stabilisieren, zu erhalten oder sich selbst zu reproduzieren.

> *"Autopoiesis bedeutet etymologisch Selbstschätzung. Autopoietische Systeme operieren selbstreferentiell, sind also operativ geschlossen und auf dieser Grundlage umweltoffen. Sie erhalten sich, indem sie ihre eigenen Elemente auschließlich selbst durch eigene Operationen produzieren (...). Autopoietische Systeme (wie der Körper) sind aber keineswegs unabhängig von ihrer Umwelt."*
> (Rosa/Strecker/Kottmann 2007: 179)

Stellt man sich ein Lebewesen als ein Ensemble von Untersystemen (oder Subsystemen) oder als eine Organisation, untergliedert in Zuständigkeiten vor, wird davon ausgegangen, dass das Gesamtsystem Lebewesen oder Organisation sich dadurch am Leben oder Funktionieren erhält, indem dessen einzelne Untersysteme gemäß ihren Zuständigkeiten funktionieren. Dazu ist es wichtig, dass diese einerseits eng verzahnt miteinander arbeiten können und funktional miteinander sind. Dazu müssen die Aufgaben aller einzelnen Komponenten klar definiert (zueinander abgegrenzt) sein. Damit die Systeme im Sinne von Funktionalität miteinander arbeiten können, ist es wichtig, dass ihre Kommunikation miteinander anschlussfähig ist; sie sich quasi aufeinander beziehen können. Das bedeutet, dass die einzelnen Systembestandteile – oder Subsysteme- miteinander operieren, Codes teilen, in der Lage sind, inhaltlich aufeinander bezug zu nehmen und *sich verstehen*. Andererseits ist es wichtig, dass diese Subsysteme permanent erhalten (reproduziert) werden, da sie für die Funktionalität des Gesamtorganismus notwendig sind. Zudem sind die Subsysteme permanent damit beschäftigt, sich gegeneinander abzugrenzen. Dies geschieht mittels *Ausdifferenzierung*. Durch diese wird die Umwelt eines Systems erst zu dessen Umwelt und kann keinen determinierenden Einfluss mehr auf das System nehmen (vgl. Rosa/Strecker/Kottmann 2007: 177). Ein viel zitiertes Beispiel ist das der Zelle, die ihre Bestandteile (Moleküle) selbst erzeugt, um sich am Leben zu erhalten (vgl. von Schlippe / Schweitzer 2016: 111).

Maturana und Varela untersuchten dies in bezug auf biologische Systeme. Niklas Luhmann beschrieb derartige Phänomene aus soziologischer Sicht als Theorie selbstreferenzieller Systeme. Im übertragenen Sinne bilden demnach Individuen, Akteure und Organisationen innerhalb der Gesellschaft in der Interaktion mit anderen Individuen, Akteuren und Organisationen, die miteinander in sozialen Beziehungen stehen, soziale Systeme, die kommunizieren, sich voneinander abgrenzen, miteinander wiederum Systeme bilden und durch ihre Interaktionen Grenzen stabilisieren.

Systeme kommen aber nicht nur als Organismen, in sozialen Beziehungen oder in verfestigten Kommunikationsmustern - zum Beispiel zwischen zwei Personen, die miteinander fortwährend durch spontane und intuitive Handlungsimpulse kommunizieren – vor, sondern auch als psychische Systeme. Psychische Prozesse verwirklichen sich:

> *"durch ein Netzwerk von Denk- und Fühlprozessen. Diese Prozesse sind nur durch das jeweilige psychische System selbst beobachtbar, indem es seine Gedanken denkt und seine Gefühle fühlt, d.h. sein eigenes Funktionieren erlebt. Die autopoietische Selbsterzeugung des psychischen Systems ist dadurch gewährleistet, dass das Netzwerk der Gedanken und Gefühle andere Gedanken und Gefühle hervorbringt, die an sie anschließen. Diese Prozesse sind gegenüber dem Rest der Welt abgegrenzt, da sie von außen nicht durchschaubar und nicht objektiv analysierbar sind. Es lassen sich allerdings Hypothesen darüber anstellen, welche Prozesse – z.B. Konflikte – sich in der Psyche eines anderen Menschen gerade abspielen."*
> (Simon 2018: 26)

Uns begegnen also auf unterschiedlichen Ebenen Systeme, z.B. Familiensysteme, Vereinssysteme, Clubsysteme, Unternehmenssysteme, Abteilungssysteme, etc. *"Sie alle weisen unter anderem gemeinsame Strukturen sowie Beziehungs-, Kommunikations- und Haltungsmuster auf, die sie von anderen Systemen abgrenzen."* Sonja Radatz definiert Systeme folgendermaßen:

> *"Demzufolge besteht das System aus einer Struktur im weiteren Sinne, die das System unverwechselbar macht. Diese Struktur besteht wiederum aus einem Kern, der Struktur im engeren Sinne (Regeln, die im System gelten); aus den Beziehungsmustern, die in diesem System bestehen; und*

schließlich aus den Handlungs- und Kommunikationsmustern, die das System ausmachen."
(Radatz 2000: 57)

Die Mitglieder eines Systems stehen in Wechselbeziehung zueinander. Sie erschaffen das System, legen so die Grenzen und Möglichkeiten des sozialen Systems fest und organisieren das Fortbestehen des Systems (vgl. Radatz, 2000: 57f.). Auch spezifische Codes und Sprache innerhalb eines Systems prägen die Mitglieder. Menschen verhalten sich also innerhalb eines Systems auf eine bestimmte Art und Weise, die diesem spezifisch ist. Es wird davon ausgegangen, dass der Mensch nicht überall so *ist* wie er *ist*, sondern sich, je nach Anforderungen des Systems, also gemäß inhärenter Regeln und Codes *verhält*.

"Wir sind nicht.
Wir verhalten uns ständig.
Wir verhalten uns entsrechend dem System,
dem wir (gerade) angehören."
(Radatz 2000: 61)

Das Individuum verhält sich also innerhalb eines Systems. Ebenso wirkt das System zurück auf die Verhaltensweisen des Individuums. In unterschiedlichen Systemzusammenhängen kann ein und dasselbe Individuum also auch unterschiedliche Verhaltensweise abrufen und zeigen, um in angemessener Weise auf die Anforderungen der Umwelt zu reagieren, oder – um es mit einem Terminus Luhmanns zu sagen – *anschlussfähig* kommunizieren. Ein und derselbe Mensch kann also sowohl in der Roller als Sohn, als Chef, als Partner, usw. auftreten und jeweils unterschiedliche Verhaltensweisen zeigen, die sich sogar widersprechen, jedoch innerhalb des jewieiligen Kontextes sinnvoll sind. Hier wird eine gewisse Nähe zu Goffmans Theorie der Selbstdarstellung im Alltag deutlich. In einer Theater-Metaphorik illustriert er Organisationsprinzipien des täglichen Zusammenlebens. Die Welt wird als Bühne aufgefasst, welche verschiedene Schauplätze mit unterschiedlichen Settings beinhaltet, welche wiederum unterschiedliche Regeln beinhalten.

Darin geht es um wechselseitig aufeinander bezogenes Handeln sozialer Akteure. Im zuge dessen füllen Darsteller_innen Rollen aus (vgl. Gugutzer 2004: 95). Die Regeln oder allgemeinen Zustimmungen, welche innerhalb eines "Schauplatzes" gelten, bezeichnet Goffman als *Arbeitsübereinstimmung*:

> *"Alle Gruppenmitglieder tragen gemeinsam zu einer umfassenden Bestimmung der Situation bei, die weniger auf echter Übereinstimmung über die Realität beruht als auf echter Übereinstimmung darüber, wessen Ansrüche in welchen Fragen vorläufig anerkannt werden sollen. Echte Übereinstimmung herrscht meist auch darüber, daß es wünschenswert ist, einen offenen Konflikt zwischen widersprechenden Bestimmungen zu vermeiden. Ich will diese Ebene der allgemeinen Zustimmung als "Arbeitsübereinstimmung" bezeichnen."*
> (Goffman 2010: 13)

Goffmans Theorie kann die Theatermetaphorik mit den unterschiedlichen Bühnen und damit verbundenen Rollen und spezifischen Verhaltensweisen der Darsteller_innen die Interaktion der Mitglieder der unterschiedlichen Systeme sowie die unterschiedlichen Anforderungen der verschiedenen Systeme an Individuen sehr gut visualisieren. Zudem wird deutlich, dass Verhalten kontextabhängig sein kann. Dies kann im Rahmen der SB für Klient_innen sehr nützlich sein.

Im Kontext von Ausstiegsbegleitung kann dies bedeuten, dass Aussteigende, die innerhalb bestimmter Systeme auf eine gewohnte Art kommunizieren, oder in bestimmten Kontexten eine Rolle ausfüllen, durchaus in anderen Kontexten in der Lage sein können, sich ganz anders zu verhalten. Dies bietet großes Potential für die Ausstiegsarbeit. Menschen sind keine Rechtsextremist_innen, sondern verhalten sich als solche. Dies impliziert, dass sie in anderen Kontexten durchaus in der Lage sein können, sich auch anders zu verhalten.

Teil III Zusammenführung

III Zusammenführung

4. *"Mit Nazis rede ich nicht!"* - Arbeiten mit Menschen aus rechtsextremen Strukturen

Die unterschiedlichen Zielgruppen, mit denen in pädagogischen und beraterischen Kontexten gearbeitet wird, besitzen unterschiedliche Eigenschaften, die widerum mit besonderen Herausforderungen für die Fachkräfte verbunden sind. Nicht jede/r kann sich vorstellen in Kitas zu arbeiten, da diese Arbeit in der Regel mit einer hohen Lautstärke verbunden ist. Andere würden niemals in der Altenpflege arbeiten, weil vielleicht die Vergänglichkeit menschlichen Lebens täglich vor Augen ist. Wiederum andere können von sexuell straffällig gewordenen Menschen angewidert sein, sodass sie niemals mit diesen arbeiten könnten. Reduziert ausgedrückt: Rechte sind nicht jedermanns Sache. Wie kann man einem Menschen, der beispielsweise Gewalt gegen andere ausgeübt hat, positiv zu begegnen und Potentiale in ihm vermuten? Persönliche Gründe, die gegen die Arbeit mit bestimmten Zielgruppen sprechen, existieren und müssen auch respektiert werden. Berater_innen, die mit Menschen aus rechten Strukturen arbeiten, sind mit Menschen konfrontiert, die in vielen Fällen Gewalt gegen andere Menschen ausgeübt haben und menschenverachtende Haltungen repräsentier(t)en. Um einen positiven Blick für diese Menschen zu bewahren, ist eine bestimmte Grundhaltung nötig, die sich aus einem humanistischen Menschenbild ableitet. Die Haltung in der systemischen Beratung, im Besonderen auf den Kontext Rechtsextremismus bezogen, soll hier eingehender beleuchtet werden.

Mit Menschen zu arbeiten, die sich im rechtsextremen Spektrum bewegen oder einmal bewegten ist eine Besonderheit in der pädagogischen Arbeit. Rechte Weltbilder, etwaige Straftaten oder spezifische Lebenswelten verstehen zu wollen und fragend gegenüber zu treten, kann eine erhebliche Herausforderung an Berater_innen sein. Wenn Menschen sich freiwillig in eine Beratung begeben, da sie sich in einer Weise vom Rechtsextremismus distanzieren wollen, muss man zunächst sowohl von einem Willen zur Veränderung als auch von Veränderungspotentialen ausgehen, die es zu unterstützen gilt. Schließlich wählen Beratungsnehmende diesen Schritt aufgrund ihrer Erfahrungen, die sie im Leben gemacht haben. Hermann Giesecke beschreibt die *Gleichrangigkeit der Erfahrungen*:

> "Wird Erfahrung aber so verstanden, als subjektiv sinnvoller Text der bisherigen Lebensgeschichte, dann folgt daraus, daß keine Erfahrung ranghöher ist als eine andere, daß in diesem wichtigen Punkte also Gleichrangigkeit zwischen allen Lehrenden und Lernenden herrscht, (...). Diese Gleichrangigkeit der Erfahrung im Sinne der bisherigen Lerngeschichte ist das Kernstück der pädagogischen Beziehung, aus ihr resultiert zunächst der Respekt vor dem anderen bisher gelebten Leben und damit auch der Respekt vor allem, was daraus folgt: Wille und Unwille zum Lernen, Zustimmung und Ablehnung gegenüber dem Lehrangebot (...), sowie Meinungen und Ansichten. (...) Respekt vor der Erfahrung des anderen kann Vertrauen begründen, aber nicht überhaupt und in jeder Hinsicht, sondern zunächst nur im Hinblick auf den gemeinsamen Zweck: Lernen."
> (Giesecke 1996: 119)

Beratungsnehmende sind autonom und werden als nichtinstruierbare Expert_innen für ihr eigenes Leben wahrgenommen (vgl. von Schlippe/Schweitzer 2016: 201).

> "Autonomie ist der Ausgangspunkt (...) therapeutischer Bemühungen, nicht (...) ihr Ziel. Dies bedeutet den Verzicht auf jegliche manipulative oder autoritäre Einflussnahme – auch den Verzicht darauf, Klienten ´autonomer´ machen zu wollen. (...) Das systemische Selbstverständnis besteht darin, professionell angemessene Rahmenbedingungen für konstruktive Veränderungen bereitzustellen und zugleich auf die Idee gezielter und geplanter Veränderungen zu verzichten. Therapeutische Professionalität besteht darin, die eigene Expertise beizusteuern, ohne besser zu wissen, wo Klientinnen ´eigentlich´ hin sollten. So sind Therapeuten eher ´teilnehmende Beobachter´, die Raum für konstruktive Gespräche schaffen und dafür sorgen, dass sie dialogisch bleiben."
> (von Schlippe/Schweitzer 2016: 202)

Beratungsnehmende werden somit als autonome Individuen verstanden, deren individuelle Erfahrungen respektiert werden. Die systemische Grundhaltung besteht darin, darauf aufbauend, dass

Beratungsnehmer_innen Experten, quasi kundig, für ihr eigenes Leben sind, die selbst die Potentiale für Veränderungen in sich tragen und entscheiden, was aus ihrer individuellen Sicht erfolgreich oder zielführend ist. *"Ob etwas geholfen hat und was, entscheiden diejenigen, denen geholfen werden sollte"* (Von Schlippe/Schweitzer 2016: 201). Diese Art von Verständnis für Handlungen und Haltungen ist von Seiten der Beratenden nicht grenzenlos. In bestimmten Kontexten (z.B. Jugendamt-Mitarbeiter_innen mit Kontrollfunktion in bezug auf Kindeswohlgefährdung; Fachkräfte, die eine Suizidgefahr bei Klient_innen vermuten; Vorgesetzte mit Führungsaufgaben) sind Beratende angehalten - obgleich sie systemisch arbeiten – zu verhindern oder zu begrenzen. Dies sei der folgenden Erläuterung der *kritischen Zugewandheit* vorangestellt.

Die Arbeit mit Menschen aus rechtsextremen Kontexten geht einher mit einer besonderen Haltung der Berater_innen. Der Jugendhilfeträger *KAST (Kieler Antigewalt- und Sozialtraining)*, der ebenfalls im Bereich der Ausstiegsarbeit aktiv ist, formuliert in bezug auf die Zugehensweise auf seine Klient_innen: *"Verstehen, aber nicht einverstanden sein!"* (Flyer "KAST – Kieler Antigewalt- und Sozialtraining"). Damit wird eine Nachvollziehbarkeit der Gründe impliziert, während gleichzeitig eine kritische Haltung existiert. In der systemischen Grundhaltung wird davon ausgegangen, dass es sogenannte *gute Gründe*, also eine positive Begründung für gezeigte Verhaltensweisen gibt. Hinter jeder Handlung stecken Bedürfnisse (vgl. Lemme/Körner 2018: 25) oder positive Funktionen, die vom Individuum assoziiert werden: *"Das menschliche Handeln wird von uns als bedürfnisorientiert beschrieben. (...) Dabei gehen wir davon aus, dass destruktives Handeln letztlich ebenfalls die Anstrengung darstellt, die noch unerfüllten Bedürfnisse zu stillen"* (Lemme/Körner 2018: 39). Im Kontext der Arbeit mit Menschen aus rechten Strukturen bedeutet dies, dass Berater_innen sich Klient_innen *kritisch zuwenden*. Udo Gerigk von *KAST* benutzt in diesem

Zusammenhang den Begriff der *kritischen Zugewandtheit*. Der Berliner *Verein zur interkulturellen Bildung und Gewaltprävention, cultures interactive e.V.*, welcher auch mit rechtsaffinen Menschen arbeitet, nutzt ebenfalls den Begriff der *kritischen Zugewandtheit*: "*Methodisches Merkmal ist eine von Respekt, Anerkennung und Hinterfragung getragene 'Kritische Zugewandtheit'.*"[24] Damit wird eine grundlegend positive, wohlwollende Haltung deutlich, die gleichzeitig eine Möglichkeit zur konstruktiven Kritik impliziert. In diesem Zusammenhang ist wichtig zu erwähnen, dass das Konzept der *kritischen Zugewandtheit* nur bedingt mit einer rein systemischen Haltung vereinbar ist, da in der Systemischen Beratung die Beratungsnehmenden die Kundigen für ihr Leben und ihre Lösungen angesehen werden. Systemische Berater_innen gehen in Beratungsprozessen vorsichtig mit eigenen Bewertungen in bezug auf Verhaltensweisen oder Haltungen der Klient_innen um. Eine rein systemische Haltung kann eine kritische Haltung gegenüber Klient_innen nicht integrieren, da diese als Expert_innen für ihr Leben begriffen werden. Eine Zugewandtheit, im Sinne von Fragen stellen und Verstehen-wollen ist jedoch gut integrierbar in eine systemische Grundhaltung und systemisches Arbeiten.

In der Kooperationspartnerschaft Berater_in und Klient_in geht es darum, Bedürfnisse zu lokalisieren und Handlungsspielräume zu erarbeiten.

> "*Therapie und darüber hinaus jede systemische Praxis wird als gemeinsame Suche nach guten Beschreibungen angesehen, die auf einem möglichst genauen Verstehen der Wünsche und Bedürfnisse der Ratsuchenden aufbaut.*"
> (von Schlippe/Schweitzer 2016: 200)

In den meisten Fällen finden Angebote zur Ausstiegs- und Distanzierungsbegleitung im freiwilligen Kontext statt. Klient_innen begeben sich freiwillig in die Beratungsangebote. Eine Kopplung von Ausstiegsangeboten als Auflagen ist eine Seltenheit, die unter dem Zwangskontext einer gerichtlichern Auflage wenig sinnvoll ist. Im

---

24 http://www.cultures-interactive.de/de/unsere-arbeit.html (Abruf: 08.01. 2019)

systemischen Kontext wird dem Individuum für sein Handeln ein guter Grund unterstellt; auch für Verhaltensweisen, die im gesellschaftlichen Zusammenleben negativ konnotiert sind, wird ein guter Grund unterstellt, der für den Symptomträger in einer gewissen Weise sinnvoll erscheint.

Aller Skepsis und allen Widerständen, mit denen Ausstiegswillige (teilweise nachvollziehbar begründet) konfrontiert werden[25], ist den Beratungsnehmenden zugute zu halten, dass sie freiwillig einen Weg aus einem fremdbestimmten Leben voller Gewalt suchen und eine Veränderung ihres bisherigen Lebens anstreben.

Johannes Herrwig-Lemp fasst die Haltung in der Arbeit mit rechtsextremen Menschen aus systemischer Sicht zusammen:

"Menschen mit rechtsextremen, neonazistischen Positionen sind Menschen "wie du und ich". Sie sind autonom und eigensinnig, bilden sich ihre Meinungen im Rahmen dessen, was für sie erkennbar und wählbar ist. Ihnen geht es genau wie uns und anderen: Sie sehen die Welt so, wie sie sie sehen. Es sind Menschen, die nicht nur ein einziges Merkmal haben (so wie "Blinde" eben nicht nur "Blinde" sind), die also nicht nur unter die Kategorie "rechtsextrem" fallen, sondern daneben auch "ganz normale" Menschen sind, die einen Alltag haben samt Familie, Freunden, die einer Arbeit nachgehen – oder auch einiges davon nicht haben. Sie sind in ihren Umgebungen aufgewachsen, haben ihre Sicht der Welt, ihre Auffassungen und Überzeugungen – so wie wir auch – im Laufe ihres Lebens erworben und auch immer wieder verändert, so wie wir das auch machen. Sie haben aus ihrer Sicht gute Gründe dafür, dass sie so denken, wie sie denken. Sie sind nicht "böse" oder "böswillig", sie sind auch nicht "krank" oder "defekt", sondern sie handeln in der Überzeugung, dass sie das aus ihrer Sicht Beste für sich (und vielleicht auch für andere) tun. Sie sind politisch aktiv und setzen sich ein für ihre politische Überzeugung, vertreten sie mutig, auch wenn sie nicht dem Mainstream entspricht und wenn sie dafür mit Ausgrenzung und Abwertung rechnen müssen. Sie möchten, dass es ihnen gut geht und sie glücklich sind. Sie machen Unterschiede zwischen Menschen und ihrem Wert, sind bereit, einige auszugrenzen – so wie wir im Übrigen auch, wenn wir Rechtsextreme ausgrenzen. Sie sind mental so flexibel oder festgefahren wie wir auch, sie sind empfänglich für Ideen, die ihnen nützen. Sie ändern und verändern sich, von Tag zu Tag und von Minute zu Minute. Sie sind Menschen wie du und ich. Wir sind keine besseren Menschen."
(Herrwig-Lempp in: Becker/Schmitt 2019: 313f.)

---

25 In der öffentlichen Wahrnehmung besteht teilweise Skepsis in bezug auf Menschen, die sich freiwillig in Aussteigerprogramme begeben. In einigen Fällen wurden in Gerichtsverfahren zu Straftaten im Zusammenhang mit rechter Gewalt Aussteigerprogramme genutzt, um Strafmilderung zu erlangen. Da sich einige Straftäter nach den Prozessen weiterhin im rechten Spektrum bewegten, wirkte die Teilnahme an Aussteigerprogrammen wie eine Farce und alles Mittel zum Zwecke der reinen Strafmilderung und unglaubwürdig.

Desweiteren wird davon ausgegangen, dass Menschen permanent in der Lage sind zu lernen und sich zu verändern, ganz gleich in welcher Lebensphase und in welchem Lebensalter sie sich befinden. Veränderungen und das (Er-)Lernen von Neuem sind demnach in jeder Phase des Lebens möglich.[26]

4.1. Methoden der Systemischen Beratung

Im Folgenden wird erörtert, in welcher Hinsicht sich spezifische Methoden der Systemischen Beratung eignen, beziehungsweise besondere Möglichkeiten in der Beratung von Klient_innen, vor dem Hintergrund von Distanzierungsprozessen bieten.

Zunächst sei noch einmal zusammengefasst, was mit Methoden im systemischen Verständnis bezeichnet ist:

> "Methoden und Techniken verstehen wir als eingeübte Handlungs- und Begegnungsweisen gegenüber Beratungsnehmenden. Diese orientieren sich nicht nur an den Inhalten, Fragestellungen, Zielen und Aufträgen der beratungsnehmenden Person, sondern sind formale Vorgehensweisen dazu, die Beratungsnehmenden zu neuen Denk- und Handlungsoptionen einzuladen. Etwas bisher nicht Gesagtes kann gesagt werden, eingefahrene Kommunikations- und Reflexionsprozesse können ver- bzw. gestört werden, neue Aufmerksamkeitsfokusse und Perspektiven können entwickelt werden."
> (Döcker/Georg/Kühling in: Becker/Schmitt 2019: 233)

Die Auswahl bezieht sich auf Methoden der Systemischen Beratung, die exemplarisch für sie sind. Sie markieren einerseits die konstruktivistische Denkweise und andererseits das Denken in Systemzusammenhängen, die der Systemischen Beratung ideell zugrunde liegen. Dies soll keineswegs bedeuten, dass sich diese Grundzüge nicht auch in anderen Methoden der Systemischen Beratung finden. Es bedeutet auch nicht, dass andere Methoden der Systemischen Beratung weniger hilfreich sein können. Die Auswahl dieser beiden Methoden hat demnach einen rein exemplarischen

---

26 Das Konzept des *life long learning (LLL)* geht in seinem Bildungsverständnis davon aus, dass Lernen, Veränderung, Kennenlernen, Ausprobieren, etc. in jeder Phase des Lebens möglich ist.

Charakter und beschreibt einen kleinen Teil aus einem weitaus vielfältigerem und kreativen Methodenpool. Die Beschreibung der hier ausgewählten Methoden soll vielmehr neugierig auf weitere Methoden des systemischen Feldes machen, die hilfreich in der Beratung von Klient_innen sein können.

4.2. *"So kann man´s auch sehen..."*
Reframing als konstruktivistische Methode in der Systemischen Beratung

"Wat den een sien Uhl is den annern sien Nachtigall."[27], lautet ein niederdeutsches Sprichwort. Es beschreibt umgangssprachlich subjetiv unterschiedliche Wahrnehmungen von ein und derselben Sache. Was sich für die eine Person als etwas negatives darstellt, kann für jemand andern eine vollkommen andere, vielleicht sogar gegensätzliche Bedeutung haben.

Die untere Grafik macht unterschiedliche Konstruktionen von Wirklichkeit spürbar. Was sehen Sie auf dem Bild?

---

27 Anm. d. Autors; frei übersetz: "Was für den einen eine Eule ist, ist für jemand anderen eine Nachtigall."

Eine alte Frau, mit knolliger Nase, die nach unten schaut? Oder das Profil einer jungen Dame, mit einer Feder im Haar, die über ihre Schulter blickt? Die Wahrnehmung ein und derselben Sache kann von Person zu Person variieren. Mit dieser Grundannahme arbeitet die Systemische Beratung.

Eine der wichtigsten Interventionen in der Systemischen Beratung und Therapie ist das Reframing (vgl. von Schlippe/Schweitzer 2016: 312). Die Grundlage dieser Methode sind die von Mensch zu Mensch individuell unterschiedlichen Konstruktionen von Wirklichkeiten und die damit zusammenhängenden Wahrnehmungsbeschreibungen.

Reframing ist besonders gut geeignet, wenn Klient_innen wie gefangen wirken in Verhaltensweisen oder in der Bewertung von Situationen und sich in einem Teufelkreis befinden. Die Methode kann die Möglichkeit für Klient_innen eröffnen aus diesem Teufelskreis auszubrechen, indem bekannte Muster durchbrochen werden und der Fokus weg vom Problem hin zu einer Lösungsorientierung bewegt wird. Dazu werden bislang als negativ wahrgenommene Symptome neu bewertet.

> *"Ein Reframing ist eine Neubewertung einzelner, bislang als negativ bewerteter, störender Verhaltensweisen, Erlebnisweisen oder größerer Interaktionsmuster (...) vor dem Hintergrund eines systemischen Bezugsrahmens".* (von Schlippe/Schweitzer 2016: 312)

Durch die Veränderung des Bezugsrahmens können Symptome, Störungen oder Probleme eine Neubewertung erfahren und in einem anderen Kontext gesehen werden. Martin Baumgartner-Kuschel formuliert als Ziel des Reframings: *"Ziel des Reframings ist es, herauszufinden, in welchem Zusammenhang Verhalten sinnvoll erscheint, es so umzudeuten und dann gemeinsam andere Wege der Erreichung des Ziels zu suchen"* (Baumgartner-Kuschel 2017: 23)[28] Pallasch und Kölln sprechen in diesem Zusammenhang von *kognitiver Umstrukturierung (vgl. Pallasch/Kölln 2014: 160).* Im übertragenen Sinne könnte von einer Neusortierung der Sicht auf

---

28   Gleichzeitig bemerkt Baumgartner, dass die häufig synonym gewählte Bezeichnung "Umdeutung" das Reframing ungenau beschreibt und somit der englische Fachausdruck angemessener erscheint.

die Dinge gesprochen werden. Die relevanten Informationen werden neu geordnet, sodass neue Zusammenhänge gebildet und somit auch ein neues Verständnis und neue Möglichkeiten der Beschreibung entstehen können. Hierzu schreiben von Schlippe und Schweitzer:

> *"Die wichtigste Funktion eines Reframing ist die Verstörung der bisherigen Sicht der Dinge. Wenn >>alles auch anders sein<< könnte, anders gesehen werden könnte, ist schon viel dafür getan, dass die Dinge nicht mehr so festgefahren und rigide erlebt werden wie bisher."*
> (von Schlippe/Schweitzer 2016: 315)

Es wird davon ausgegangen, dass nicht Ereignisse oder Umstände *an sich* traumatisierend sind, sondern Zuschreibungen, die mit diesen assoziiert werden (vgl. Pallasch/Kölln 2014: 160). Die Wahrnehmung und Bewertung eines bestimmten Sachverhaltes als Problem ist damit abhängig von der Wahrnehmung der Umwelt oder der Klient_innen selbst, die dies als Problem lokalisieren und die negative Zuschreibung vornehmen. Indem ein *"begrifflicher und gefühlsmäßiger Rahmen (...) in dem eine Sachlage erlebt und beurteilt wird"* (Pallasch/Kölln 2014: 160), durch einen anderen ersetzt wird, kann dieser besser oder in Hinsicht auf eine Lösung angemessener sein.

Berater_innen und Therapeut_innen sind oft mit Klient_innen konfrontiert, deren Fokus sehr auf ein Problem oder eine Störung fokussiert ist. Beratungsnehmenden fällt es oft schwer, den Blick vom Problem abzuwenden oder sogar etwas Positives in ihrer Situation zu finden. Bezugnehmend auf den Konstruktivismus als erkenntnistheoretische Grundlage geht systemisches Denken davon aus, dass ein Problem oder eine Störung zunächst nur aufgrund einer Sichtweise als solche wahrgenommen werden. Wird jedoch der Bezugsrahmen um diese verändert, kann die defizitäre Lesart durch eine gegebenenfalles positive ersetzt oder erweitert werden. Wichtig ist demnach, dass ein zuvor negativer Bezugsrahmen durch einen positiven ersetzt wird (vgl. Hennig/Knödler 2015: 178). Reframing wird auch als *positives*

Umformulieren bezeichnet. Positives Umformulieren beseitigt einengende oder negative Aspekte eines Symptomträgers (vgl. Hennig/Knödler 2015: 179). Ein zusätzlicher Effekt des Reframing ist die Abkehr des Fokusses von Fragen nach Schuld oder wer in einem Konflikt recht hat. Derartige Fragestellungen werden in den Hintergrund gedrängt (vgl. Hennig/Knödler 2015: 178).

Von Klient_innen als Problemlagen empfundene Situationen können positiv beschrieben werden. Es kann danach gefragt werden, welche Teile des Problems als nützlich oder sinnvoll empfunden werden. Worin liegt das Gute im Schlechten? Damit können positive Anteile innerhalb einer als Problem beschriebenen Lage lokalisiert werden und der Fokus kann auf die Lösungsorientierung gelegt werden. Sonja Radatz beschreibt: *"(I)m Rahmen der Zielbeschreibung muss für den Kunden klar werden, welche "guten Seiten" des Problems er in sein Ziel mit hinüberretten muss, damit aus seinem Ziel ein "gutes Ziel wird"* (Radatz 2000: 129). Sie ergänzt dazu, dass es nicht ausreicht ein Problem zu beseitigen, sondern die guten Gründe, die einem Problem zugrunde liegen in ein positives Ziel umzuformulieren (vgl. Radatz, 2000: 131).

Im Folgenden werden enige fiktive Beispiele für *Reframing* beschrieben. Es werden im Wesentlichen drei Arten des Reframing unterschieden; das *Bedeutungsreframing*, das *Kontextreframing* und das *Inhaltsreframing*.

Zunächst ein Beispiel für *Inhaltsreframing*. Beim *Inhaltsreframing* kann für schwieriges Verhalten eine Perspektive gefunden werden unter der dieses Verhalten Sinn ergibt (vgl. von Schlippe/Schweitzer 2016: 316). Ein Klient beschreibt die Situation zwischen ihm und seinen Eltern als schwierig. Sobald sie aufeinander treffen, beginnen sie zu streiten, seine Eltern wüssten ständig alles besser. Meist entstehen daraus Wortgefechte, die für alle Beteiligten sehr anstrengend sind.

Ein *Reframing* in dieser Situation könnte nun folgendermaßen, mit den Worten des Beraters gesprochen, aussehen:

In meiner Zeit als Berater habe ich viele Familien kennengelernt, die aufgrund von Meinungsverschiedenheiten auseinander, sich aus dem Weg gehen und sogar gleichgültig miteinander sind. Bei Ihnen scheint das anders zu sein. Sie gehen oft miteinander in Kontakt. Vermutlich sind sie sich gegenseitig nicht egal und setzen sich sogar oft auseinander.

Aus der rein negativen Schilderung des Beratungsnehmenden wird also aus Sicht des Beraters eine positive Konnotation vorgenommen. Damit steht nicht mehr das Problem mit dem einengenden Aspekt einer ausweglosen Streitspirale im Fokus, sondern der positive Anteil, der sich innerhalb der Problemschilderung aus der Perspektive des Beraters ergibt. Zusätzlich ermöglicht es Klient_innen die Trennlinie zwischen "gut" und "böse" bei den Mitgliedern des Familiensystems aufzuweichen. In dem oben genannten Beispiel wird der Kontext durch eine inhaltliche Beurteilung, das sogenannte *Inhalts-Reframing*, neu bewertet.

Im *Kontext-Reframing* wird der Bezugsrahmen komplett getauscht und die Symptomatik auf eine völlig andere Situation bezogen (vgl. von Schlippe, Schweitzer 2016: 315). Ein Klient beschreib, dass er es nicht schafft seine Bewerbungen für eine Arbeitsstelle abzugeben, weil sie ihm nie gut genug erscheinen und er sich in den Unterlagen nicht so dargestellt empfindet, wie er sich selbst sieht. In letzter Minute schickt er sie nicht ab und verpasst damit die letzten Abgabetermine. Systemische Berater_innen könnten nun dieses Verhalten auf einen anderen Kontext beziehen:

Stellen Sie sich vor, sie sind Arzt und müssen eine Operation durchführen. Bevor sie nun etwas tun, wovon Sie nicht sicher sind, ob es hundertprozentig richtig ist, gehen Sie einen Schritt zurück. Sie kennen Ihre Grenzen und machen nur das, wovon sie vollkommen überzeugt sind.

In diesem Beispiel wird die zunächst als Schwäche bewertete Verhaltensweise auf eine andere Situation bezogen, in welcher genau dieses oder ein ähnliches Verhalten eine Stärke darstellt und damit deutlich positiv konnotierbar ist. Klient_innen wird somit ein Blick auf ihr

Verhalten eröffnet, der nicht das Problem im Fokus hat, sondern eine positive Bewertung des Verhaltens.

Beim *Bedeutungsreframing* können negativ konnotierte Eigenschaften positiv zugeschrieben erklärt werden (vgl. von Schlippe, Schweitzer 2016: 315). So könnte aus der Zuschreibung oder Beschreibung *impulsiv* – "temperamentvoll" werden. Aus *empfindlich* könnte beispielsweise "hat feine Antennen" werden. Ein Kind, welches als häufig laut herumschreiend beschrieben wird, könnte man positiv formulieren: Das Kind hat eine Möglichkeit gefunden, sich Gehör zu verschaffen und auf sich aufmerksam zu machen. Auf den ersten Blick mag diese Methode teilweise albern wirken. Die Frage, warum man etwas Schlechtes *schön reden* wolle, ist durchaus berechtigt. Bei genauerer Betrachtung fallen jedoch die Potentiale des Reframing auf: Der Fokus kann bei gehäufter Problemlage auf etwas positives gelenkt werden, was häufig eine Entlastung darstellen kann. Auch eröffnet der veränderte Fokus auch neue Lösungsstrategien. Wenn eine Lehrkraft etwa lautstarkes Verhalten eines Kindes bislang sanktioniert hat, weil es im Unterricht stört, könnte nach einer alternativen Bedeutung durch *Reframing* (z.B.: Das Kind macht auf sich aufmerksam.) ganz anders reagiert werden; zum Beispiel das Kind vor der zu erwartenden Situation fragen, ob es *etwas auf dem Herzen* hätte und ein Gesprächsangebot machen.

Klient_innen, die sich in rechten Strukturen beweg(t)en, korrelieren häufig mit multiplen Problemlagen. Oft ist es sehr schwer für sie, die eigenen Potentiale zu erkennen und vor lauter empfundenen Problemen auch Lösungen und Handlungsalternativen wahrzunehmen. *Reframing* kann dabei sehr hilfreich sein, um aus dem Dickicht von Problemen heraus zu treten.

4.3 *"Was würde deine Mutter dazu sagen?"*

Zirkuläre Fragen als systemische Methode in der Systemischen Beratung

Eine weitere, für die Systemische Beratung typische Methode, sind *zirkuläre Fragen*. Fragen kommt in der Systemischen Therapie und Beratung eine besondere Bedeutung zu. Von Schlippe und Schweitzer bemerken, dass: *"Fragen zu stellen (...) nicht nur eine Art der Informationsgewinnung (ist), vielmehr entsteht immer gleichzeitig auch neue Information. Denn in jeder Frage versteckt sich eine implizite Aussage, die die gewohnte Art, wie die Dinge bisher gesehen wurden, potentiell verstören kann"* (von Schlippe/Schweitzer 2016: 249). Klient_in und Berater_in befinden sich im Austausch von Fragen und Antworten in einem permanenten wechselseitigen Austausch von Wirklichkeitsbeschreibungen. In Fragen sind auch versteckte Angebote enthalten, wie die Wirklichkeit (auch) gesehen werden kann (vgl. von Schlippe/Schweitzer 2016: 250). Durch Fragen werden Botschaften übermittelt und Ideen angestoßen (vgl. von Schlippe/Schweitzer 2016: 250).

> *"Fragen können für die Gesprächspartner/in Impuls sein,* neue Perspektiven und Sichtweisen *einzunehmen, Informationen neu zu gewichten und/oder zu bewerten. Die Gesprächspartner/in kommt vielleicht zu einer ganz anderen Be-deutung (Interpretationen/Umdeutungen), Erklärungen und Sichtweisen. Dadurch verlieren vielleicht Aufgaben- und Problemstellungen an Bedeutung bzw. Relevanz und verlieren ihre belastende Wirkung. Es können aber auch neue (Lösungs-) Ideen entstehen, die alternative Verhaltensweisen ermöglichen."*
> (Straß 2007: 22)

Die unterschiedlichen Frageformen und -möglichkeiten, wie in der SB gefragt wird, bezeichnet man mit dem Oberbegriff *systemisches Fragen* (vgl. von Schlippe/Schweitzer 2016: 251). *Zirkuläres Fragen* ist dabei *"ein wesentlicher Bestandteil systemischer Fragetechniken"* (vgl. von Schlippe/Schweitzer 2016: 251) und soll aus diesem Grunde im Folgenden weiter erläutert werden. Neben *zirkulären Fragen* existieren noch weitere Frageformen, die in der SB Anwendung finden, wie beispielsweise *Skalierungsfragen, Fragen nach Ausnahmen, Fragen nach Ressourcen, hypothetische Fragen* oder *Wunderfragen*. Da *zirkuläre Fragen* sowohl andere Menschen als Teil des Systems in den Blick nehmen und zudem weitere Perspektiven eröffnen, sollen sie nachfolgend erläutert werden.

In Beratungen und therapeutischen Settings kommen Fragen eine zentrale Bedeutung zu. Jeder kennt Fragen, z.B. "Wie geht es dir?", aus dem alltagssprachlichen Gebrauch. In therapeutischen Settings können Fragen vorkommen, wie "Was glauben Sie, warum ...?", Wie empfinden Sie ...?" oder "Wie erklären Sie sich, dass ...?". Die oben genannten Fragen richten den Fokus dabei auf innere Prozesse einer Person.

Eine systemische Herangehensweise geht erst einmal von einer sozialen Dimension, von einer Wechselhaftigkeit zwischen Symptomträger_innen und Umwelt aus. Alle Beteiligten erzeugen ihre jeweiligen Wirklichkeitskonstruktionen, die sich in Interaktionen aufeinander beziehen. Während dieses Prozesses können Verhaltensweisen oder Aussagen von der jeweils anderen Seite als problematisch (genauso gut können sie natürlich auch positiv aufgefasst werden) wahrgenommen werden, wodurch Konflikte entstehen können. Bedeutung und Reaktionen zwischen zwei aufeinander bezug nehmenden sozialen Systemen lokalisieren etwas als Problem (vgl. Straß 2007: 127). Vereinfacht ausgedrückt: Eine Verhaltensweise von Person A wird erst zum Problem, wenn Person B diese als problematisch wahrnimmt, bewertet oder beschreibt. *Zirkuläres Fragen* nimmt also Beziehungen in den Blick. Eine Verhaltensweise *an sich* ist kein Problem. Sie kann erst zu einem werden, sobald Symptomträger_innen mit ihrer Umwelt in Interaktion treten.

Ebenso, wie etwas durch Interkation zweier Systeme zum Problem werden kann, können auch positive Potentiale, in Form von außer-eigenen Perspektiven, hervorgebracht werden, die in der Arbeit mit Klient_innen auf positive Weise nutzbar werden können.

Zirkuläre Fragen stellen:

"mögliche Beobachtungen und Wahrnehmungen, Beschreibungen, Bedeutungen und Bewertungen in den Mittelpunkt. Zirkuläre Fragen können aber auch andere Aspekte untersuchen und ins Gespräch einführen. Die Aspekte und Themen ergeben sich jeweils aus der Gesprächssituation, dem Anliegen bzw. dem Auftrag."
(Straß 2007: 130)

Oft ist der Blick bei wahrgenommenen und beschriebenen Problemen der eigene Blick nur auf das problematisierte Verhalten fokussiert. Mit der Zeit verhärtet sich die Wahrnehmung des Problems bei Betrachter_innen, mit allen dazu gehörigen Empfindungen. Es scheint aus Sicht der Betrachter_in unmöglich, dass die Lage auch anders sein könnte. Nur eine Realität ist denkbar. Perspektiven von außen könnten dabei helfen, diese Verfestigung und Problemfokussierung aufzuweichen. Diese Außen-Perspektiven können auch von Klient_innen selbst eingenommen werden, indem nach der Empfindungen und Wahrnehmungen von außen stehenden Personen gefragt wird: *"Zirkuläre Fragen sind Fragen, die nicht direkt eine Person zu deren Empfindungen und Wahrnehmungen befragen. Stattdessen wird eine Person zu den Empfindungen, Wahrnehmungen, Be-Deutungsgebungen einer oder mehrerer anderen Person/en befragt"* (Straß 2007: 128). Zirkuläre Fragen könnten beispielsweise lauten:

– *"Wenn ich Ihre Kollegen fragen würde, wie sie das Team erlebt, was würde sie sagen? Was würde sie als positiv beschreiben, was als negativ?"*
– *"Wenn Ihre Frau mit Ihrem Sohn Michael wegen der unordentlichen Hausaufgaben schimpft, was denken Sie, was Michael dabei empfindet?"*
– *"Wenn ich Frau Müller (Mutter auf einem Elternabend) fragen würde, wie sie die Gestaltung des Elternabends empfand, was würde sie Ihrer Meinung nach sagen?"*
– *(...)*
– *"Was denken Sie: Auf was legt der Arbeitgeber XY bei Bewerbungen in seinem Unternehmen Wert? Was wäre aus seiner Sicht eine gute Bewerbung? Was denken Sie auf was er achtet?"*
– *"Was müssten Sie tun, damit Ihnen der Arbeitgeber XY auf jeden Fall eine Absage schickt?"*
– *(...)*
– *"Woran würde Herr Maier merken, dass Herr Müller sich kollegial verhält?"*

(Straß 2007: 130)

Durch *zirkuläre Fragen* rücken Perspektiven von außen in die Betrachtung. Durch sie lassen sich Empfindungen, Wahrnehmungen, *Be-Deutungen*, Kontexte von Situationen und Verhaltensweisen, Erklärungen, Bewertungen, Gewichtungen, subjektive Theorien, Hypothesen, Alternativen und Lösungen äußerer Beteiligter in den Blick nehmen. Ebenso werden Wechselwirkungen und Beeinflussung sichtbar (vgl. Straß 2007: 131).

Straß zählt die möglichen Wirkungen zirkulärer Fragen in seinem Buch *"Hilfreiches Fragen"* auf. Wirkungen zirkulärer Fragen können sein:

- Perspektivenwechsel
- Förderung von Einfühlungsvermögen
- Austausch von Vermutungen und Ansichten übereinander
- Erkennen wechselseitiger Wirkungen
- Prozesse werden transparenter
- neue Informationen können in die Betrachtung einfließen
- Metakommunikation als hilfreiche Strategie in Konfliktsituationen.

(Vgl. Straß 2007: 131)

Zirkuläre Fragen bieten ergänzende und erweiternde Perspektiven sowie mögliche Wirkungen. Klient_innen können ohne die Anwesenheit außenstehender Personen fremde Perspektiven einnehmen und *mit anderen Augen* auf die Situation schauen. Sie können sich in andere Personen hineinversetzen und die Situation anders bewerten. In den meisten Fällen birgt dies Bewertungen und Handlungsalternativen, die zuvor nicht bedacht wurden.

Im Kontext von Ausstiegsberatung bieten *zirkuläre Fragen* vielfältige Möglichkeiten. Gerade vor dem Hintergrund von Gewalttaten kann durch *zirkuläres Fragen* Einfühlungsvermögen und Empathie für Betroffene auf Seite der Klient_innen gefördert werden. Durch Perspektivwechsel kann das eigene Verhalten von Klient_innen durch das Hinzuziehen einer Beobachterperspektive reflektiert werden. Welche Wirkung hatten sie durch ihr Auftreten und Verhalten bislang auf andere? Wie könnte ein anderes Verhalten auf andere Personen wirken?

4.4. Grenzen systemischer Beratung

Die oben genannten Methoden und Haltungen bieten große Potentiale für Menschen in Distanzierungsprozessen. Ebenso wie Potentiale und Möglichkeiten müssen jedoch auch ganz klare Grenzen der systemischen Beratung für die Ausstiegsbegleitung benannt werden.

In nicht allen Bereichen kann ein rein systemischer Zugang im Kontext einer Ausstiegsbegleitung hilfreich sein. Teilweise ist Expertenwissen der Berater_innen notwendig. Wenn es zum Beispiel um Sicherheitsfragen, Wohnortwechsel oder bestimmte Behördengänge, mitsamt ihrer Prozedere geht, liegt eine Lösung häufig nicht bei den Klient_innen. Berater_innen aus der Ausstiegsarbeit kennen in der Regel derartige Abläufe und können Klient_innen unterstützen, beispielsweise in Fragen zu Sicherheit (Zeugenschutzprogramme, etc.) oder Wohnortwechsel (Welche Behörde kann beispielsweise im Falle von ALG-II-Empfänger_innen den Wohnortwechsel finanzieren?). In derartigen Fällen kann die Ausstiegsbegleitung Züge einer Expertenberatung annehmen, in welcher Berater_innen die Lösungen kennen und durch Beratungsnehmende aufgefordert werden, spezifische Wege aufzuzeigen (vgl. Radatz 2018: 88f.).

In bezug auf Sicherheit gibt es zudem meldepflichtige Sachverhalte, besonders wenn es um Gefahren im Zusammenhang mit Personen geht. In solchen Fällen sind klare Grenzen erreicht, um Schaden an Personen vorzubeugen bzw. nicht in Mitwisserschaft zu geraten.

Einige Klient_innen suchen in Beratungen auch eine Möglichkeit Emotionen und innerpsychische Zustände mitzuteilen. Sie suchen Ansprechpartner_innen, die eine Erklärung für eine Situation geben können oder nach Bestätigung. Sie wollen verstehen, wie frühere Erfahrungen zur heutigen Situation beigetragen haben. Subjektorientierte Sinnklärung und tiefenpsychologische Aspekte werden jedoch im systemischen Ansatz ausgelassen (vgl. Krüger 2014: 33). Verstehen und Aufarbeitung legen den Fokus auf die Vergangenheit; der systemische Ansatz hingegen legt den Fokus auf Veränderungsprozesse und Lösungen, die in der Gegenwart und Zukunft liegen.

Einen weiteren wichtigen Punkt betrifft Beratung in der Zusammenarbeit mit Menschen mit psychischen Erkrankungen. Ausstiegsbegleitungen sind keine therapeutischen Settings und können diese auch nicht ersetzen. Eine Begleitung von Aussteigenden kann demnach nur flankierend zu einer psychotherapeutischen Anbindung der Klient_innen stattfinden. Systemisches Arbeiten mit Menschen mit psychischen Erkrankungen würde allenfalls sinnvoll sein, wenn statt einer Einzelberatung mit Symptomträger_innen stattdessen mit dem umgebenden Familien- oder Helfersystem gearbeitet wird, da psychische Erkrankungen aus konstruktivistischer Sicht Zuschreibungen (ergo Konstruktionen) von außen sind und gegebenfalles dekonstruiert und mit neuer Bedeutung belegt werden können. Dies könnte den Umgang aller Systemteilnehmer_innen mit der Symptomträger_in erleichtern.

Tina Wilchen Christensen betont in ihrer EXIT-nahen Betrachtung[29] die wertvolle Funktion ehemaliger Rechtsextremist_innen, die Aussteiger_innen aufgrund ihrer spezifischen Szenekenntnisse und Authentizität als positive Vorbilder fungieren und somit als Unterstützer_innen bei Ausstiegsprozessen hilfreich sein können (vgl. Christensen in: Rieker 2014: 187f.). Ein solcher biographischer

---

29 EXIT ist ein deutschlandweites Ausstiegsangebot.

Hintergrund ist sicherlich den wenigsten Berater_innen vorbehalten.

4.5. Zusammenfassung

Wie oben beschrieben wurde, kann Ausstiegsbegleitung ein sehr komplexes Feld sein. Bereits die unterschiedlichen Adressat_innen mit ihren individuellen Ausganglagen bedeuten Akzentverschiebungen in den Arbeitsweisen und Methoden. Die individuellen Situationen von Klient_innen machen eine eindeutige Verortung von Ausstiegsbegleitung in die Präventionsstufen schwierig. Teilweise kann durchaus von Prävention gesprochen werden, in anderen Fällen ganz klar nicht mehr.

Zudem arbeitet Prävention mit einer Vorstellung von (un-)erwünschtem Verhalten, und geht quasi von einem Bereich normierter Verhaltensweisen aus. Dies ist aus systemischer Sicht nicht vereinbar, da die Klient_innen im systemischen Verständnis als Kund_innen, im Sinne von Kundige oder Expert_innen für ihr eigenes Leben betrachtet werden. Eine von außen vorgegebene Richtung spielt demnach zunächst keine relevante Rolle, da die Zieldefinition auf Seite der Kund_innen stattfindet.

Ein weiterer Aspekt contra Prävention ist die Kritik an ihr im Zusammenhang mit Defizitorientierung. Systemisch-konstruktivistisch geprägte Ausstiegsbegleitung nimmt nicht die Defizite der Klient_innen in den Blick, sondern richtet den Fokus auf Lösungsstrategien und Potentiale bei den Klient_innen, welche bislang noch nicht erkannt oder genutzt wurden. Ausstiegsbegleitung kann somit, aufgrund sehr variierender Anforderungen der Klient_innen, nicht klar den Präventionsstufen zugeordnet werden.

Welche Möglichkeiten bietet nun die Systemische Beratung und ihre Methoden für die Austtiegsbegleitung?

Wie ebenfalls deutlich wurde, kann auch nicht die Rede von *dem Rechtsextremen* sein – zum Einen, weil es entscheidene Veränderungen in rechts gerichteten Szenen gab und gibt und diese eine erhebliche

Ausdifferenzierung in bezug auf Inhalte, Erscheinungsformen, Auftreten und politische Aktivität erfahren haben. Zum Anderen ist belegt, dass Rechtsextremismus nicht rein männlich geprägt ist, sondern auch Frauen eine Rolle spielen. Gemeinsamer Nenner ist eine hohe Affinität zu Gewalt in der Szene, überwiegend multifaktorielle Problemlagen der Teilnehmer (Suchtproblematiken, Traumata, häufig psychische Probleme, etc.).

Eine systemische Grundhaltung und Methoden der systemischen Beratung sind in hohem Maße anschlussfähig für die Anforderungen, die es gibt, wenn Menschen in ihrer Distanzierung oder sogar einem Ausstieg aus rechten Strukturen unterstützt werden.

Zunächst soll betont werden, dass Ausstiegsangebote ausschließlich freiwillig von Klient_innen aufgesucht werden. Aus systemischer Sicht wird dieser Schritt respektiert, da das Individuum für sich und das eigenen Leben als kundig (Klient_in = Kund_in) wahrgenommen wird. Auch bei menschenverachtenden Handlungen und Aussagen der Klient_innen in der Vergangenheit besteht die systemischen Haltung darin, den Veränderungswillen des Menschen zu respektieren. Vermutlich hatten Klient_innen in der Vergangenheit einen guten Grund für ihr Handeln, zu welchem jedoch mögliche und angemessene Handlungsalternativen fehlten. Der Mensch wird nicht wegen seiner Vergangenheit verachtet, sondern für den Veränderungswillen (zum Positiven) gewürdigt.

Wertschätzung

Wie bereits oben erwähnt, beinhaltet eine systemisch-konstruktivistische Denkweise das Verständnis der Klient_innen als Kund_innen, quasi als Kundige oder Expert_innen für ihr eigenes Leben. Dies wird respektiert und anerkannt. Sämtliche Erfahrung, die Klient_innen auf ihrem Lebensweg machten um sich zum gegenwärtigen Zeitpunkt für einen Ausstieg zu entscheiden waren wichtig. Für Berater_innen ist es wichtig, diese als Teil der Persönlichkeit von Klient_innen anzuerkennen und nicht zu bewerten. Beratungsnehmende werden auf diese Weise nicht verurteilt, sondern werden respektiert.

Lösungsfokussierung

Das in Kapitel 4.2. beschriebene Reframing ermöglicht die Abkehr von Problem hin zu positiven Beschreibungsmöglichkeiten. Vielmehr noch bietet Reframing die Möglichkeit positive Anteile im Problem zu lokalisieren und in eine mögliche Lösungsorientierung einzubeziehen. Klient_innen, die sich für einen Ausstieg entschieden haben, können Gefahr laufen sozial isoliert zu werden. Häufig sind die rechten Strukturen aus denen sie sich herausbewegen wollen das überwiegende soziale Umfeld. Dieses Umfeld ist jedoch häufig Teil des Problems. Wenn Klient_innnen nun erkennen, was der positive Teil dieses Problems ist – zum Beispiel Geborgenheit in einer Gruppe, Freunde haben, Zugehörigkeit erfahren, Identifikation, für etwas stehen oder anderes – dann können diese guten Gründe in eine Lösungsfindung einbezogen werden. Systemische Fragen können dann den Prozess unterstützen, indem beispielsweise danach gefragt wird, welche anderen Kontexten sich Klient_innen vorstellen können, wo diese Dinge vorzufinden sind. Es genügt nicht, rechte Strukturen zu verlassen (Defizit beheben; Nullstand erreichen) (vgl. Radatz 2000: 131), es muss ein in den Augen der Klient_innen sinnvoller Ersatz gefunden werden (Ziel erreichen). Durch den Verlust der Peergroup bricht zunächst eine Menge von Dingen weg, die für Klient_innen grundsätzlich als nützlich empfunden werden. Zudem kann es Klient_innen das Gefühl geben, trotz der "Fehler der Vergangenheit" doch etwas positives verfolgt zu haben und sich lediglich der falschen Mittel bedient zu haben. Zudem liegt der Fokus in der systemischen Beratung vornehmlich auf der Zukunft. Eine als negativ und als belastend wahrgenommene Vergangenheit kann somit an Gewicht verlieren und gleichzeitig kann der Blick auf die Zukunft gerichtet werden.

Selbst Lösungen für eigene Probleme finden: Selbstwirksamkeit

Systemische Fragetechniken – mit Ausnahme von Skalierungsfragen, etc. - sind zum überwiegenden Teil in offenen Fragen formuliert. Dadurch werden Lösungsfindungsprozesse bei den Klient_innen angeregt. Es geht nicht darum bei systemischen Berater_innen Expertenrat und Lösungsvorschläge einzuholen, sondern von diesen darin begleitet zu werden, eigene Lösungen hervor zu bringen. Die Lösung steckt in den Klient_innen als Kundige für ihr eigenes Leben. Werden Lösungswege von Beratungsnehmenden als positiv empfunden, geht damit ein Moment der Selbstwirksamkeit einher, da die Lösung eine eigene und keine Fremdleistung ist. Berater_innen bieten lediglich einen Rahmen, in welchem Klient_innen eigene, für sich sinnvolle und plausible Lösungen finden. Viele multifaktoriell belastete Klient_innen wachsen an dieser neu erfahrenen Selbstwirksamkeit. Darüber hinaus sind eigene Lösungen nachhaltiger implementierbar in die eigene Strukturen der Klient_innen, da sie zum einen von den ihnen selbst generiert werden und als Eigenleistung wahrgenommen werden können; zum Anderen entsrechen selbst generierte Lösungen vermutlich eher der Lebenswelt von Klient_innen und könnte somit plausibler für diese sein.

Empathie fördern und Perspektivwechsel vornehmen

Wie an den zirkulären Fragetechniken deutlich wurde, steht in diesen zunächst der Perpektivwechsel im Fokus. Dadurch können, neben den oben genannten Potentialen, welche zirkuläre Fragen bieten, Empathiefähigkeit gefördert werden. Da rechte Strukturen eine zumeist hohe Akzeptanz für Gewalt aufweisen, kann das Trainieren von Empathie hilfreich sein, um Klient_innen zusätzlich zu stärken und gleichzeitig eine wichtige Prävention sein. Ferner können Perspektiven von außerhalb eingenommen werden und bieten die Möglichkeit fremde Perspektiven kennenzulernen und zu akzeptieren zu lernen.

Selbstreflexion

Durch das Einnehmen von Außenperspektiven durch zirkuläres Fragen können Klient_innen einen Blick auf sich selbst aus einer gedachten Distanz bekommen. Sie können auf sich schauen und eigenes Verhalten reflektieren.

Haltung als Vorbild

Nicht zuletzt kann eine systemische Haltung, die von hoher Akzeptanz geprägt ist, als Vorbild für Beratungsnehmende fungieren. Sich in rechten Strukturen zu bewegen bedeutet, sich in Kontexten zu bewegen, die wenig Akzeptanz für Heterogenität aufweisen. Systemisch Berater_innen sind aus ihrem Selbstverständnis neugierig Fragende und in bezug auf Beratungsnehmende offen. Letztere können hier die Erfahrung machen, dass ihnen, trotz ihrer von außen wahrgenommenen "Andersartigkeit", offen , neugierig und verstehen-wollend begegnet wird. Sie werden, trotz ihrer rechten Vergangenheit, umgangsprachlich "genommen, wie sie sind."

Grenzen

Ebenso wie die Potentiale wurden oben auch die Grenzen der systemischen Beratung herausgearbeitet. Trotz ihrer derzeitigen Popularität (unter anderem) in der sozialen Arbeit ist die SB keineswegs ein "Allheilmittel".

Es überwiegen jedoch die Potentiale, welche sowohl in der systemisch-konstruktivistischen Haltung und den Methoden stecken. In der Ausstiegsarbeit arbeitet man mit einer Klientel, die häufig mit einem Mangel an Selbstvertrauen und Selbstachtung korreliert (vgl. Christensen in: Rieker (Hrsg.) 2014: 193). Dort können die oben genannten Methoden hilfreich sein, den umgangssprachlichen "Wald vor lauter Bäumen" (Lösungsorientierung) wieder zu sehen, Ziele selbst zu erarbeiten und zu verfolgen (Selbstwirksamkeit) und ein positives Verhältnis zu multiplen Problemlagen zu bekommen. Sicherlich haben auch andere methodische Ansätze ihre Berechtigung. Wie immer kommt es darauf an, individuell – von Fall zu Fall – zu schauen, was hilfreich sein kann. Systemische Methoden können ebenso in andere Ansätze integriert werden – wie auch umgekehrt (vgl. Christensen in: Rieker 2014: 193). Die systemische Haltung ist eine neugierige und wertschätzende Haltung, welche Personen die guten Gründe für gezeigtes Verhalten unterstellt. Sie verurteilt nicht, belässt es nicht dabei und fokussiert Lösungen, die bislang nicht im Fokus waren und die es unter Umständen geben kann. SB sucht nach Wegen, die bisher aus guten Gründen nicht gegangen wurden. Wenn man zu einem Zeitpunkt des Lebens einmal rechts abgebogen ist, bedeutet dies nicht, dass dies eine Einbahnstraße bleiben muss.

Anhang

5. Literaturverzeichnis

Becker, Reiner; Schmitt Sophie (Hrsg.) (2019): *Beratung im Kontext Rechtsextremismus. Felder – Methoden – Positionen*. 1. Auflage 2019. Frankfurt a. M.: Wochenschau Verlag.

F., Timo (2017): *Neonazi*. 1. Auflage 2017. Würzburg: Arena

Giesecke, Hermann (1996): *Pädagogik als Beruf. Grundformen pädagogischen Handelns*. 5. Auflage. Weinheim, München: Juventa

Glaser, Stefan; Pfeiffer, Thomas (Hrsg.) (2017): *Erlebniswelt Rechtsextremismus. modern – subversiv – hasserfüllt. Hintergründe und Methoden für die Praxis der Prävention*. 5. Auflage 2017. Schwalbach: Wochenschau Verlag.

Goffman, Erving (2010): *Wir alle spielen Theater. Die Selbstdarstellung im Alltag*. 8. Auflage 2010. München, Zürich: Piper.

Gugutzer, Robert (2004): *Soziologie des Körpers*. 1. Auflage. Bielefeld: transcript.

Hennig, Claudius; Knödler, Uwe (2015): *Schulprobleme lösen. Ein Handbuch für die systemische Beratung*. 3. Auflage 2015. Weinheim: Beltz.

Henningsen, Anja; Tuider, Elisabeth Tuider; Timmermanns Stefan (2016): *Sexualpädagogik kontrovers*. 1. Auflage 2016. Weinheim, Basel: Beltz, Juventa.

Konz, Norbert; Lobermeier, Olaf Lobermeier; Koch, Reinhard (2006):

Beratungskonzept. Wege aus der rechten Szene. Beratung für Eltern und Bezugspersonen von Jugendlichen in der rechtsextremen Szene. 1. Auflage. Braunschweig: Bildungsvereinigung ARBEIT UND LEBEN Niedersachsen.

Landespräventionsrat Schlewig-Holstein (LPR) (Hrsg.) (2016): Rechte Sprüche in der Klasse. Eine Unterrichtshilfe für Pädagoginnen und Pädagogen zum Umgang mit rechtsextremistisch orientierten Schülerinnen und Schülern. 5. Auflage 2016. Kiel: LPR Schleswig Holstein.

Lemme, Martin; Körner, Bruno (2018): Neue Autorität in Haltung und Handlung. Ein Leitfaden für Pädagogik und Beratung. 1. Auflage 2018. Heidelberg: Carl Auer.

Lobermeier, Olaf (2006): Rechtsextremismus und Sozialisation. Wege aus der rechten Szene. Bd.2: Empirische Studien. 1. Auflage. Braunschweig: Bildungsvereinigung ARBEIT UND LEBEN Niedersachsen Ost gGmbH.

Maturana, Humberto (1982): Erkennen: Die Organisation und Verkörperung von Wirklichkeit. Ausgewählte   Arbeiten zur biologischen Epistemologie. Braunschweig.

Melzer, Ralf (2016): Gespaltene Mitte – Feindselige Zustände. Rechtsextreme Einstellungen in Deutschland 2016. 1. Auflage 2016. Bonn: Dietz.

Pallasch, Waldemar; Kölln, Detlef (2014): Pädagogisches Gesprächstraining. Lern – und Trainingsprogramm zur Vermittlung pädagogisch-therapeutischer Gesprächs- und Beratungskompetenz. 9. Auflage 2014. Weinheim,Basel: Beltz, Juventa

Radatz, Sonja (2000): *Beratung ohne Ratschlag. Systemisches Coaching für Führungkräfte und   BeraterInnen. Ein Praxishandbuch mit den Grundlagen systemisch-konstruktivistischen Denkens, Fragetechniken und Coachingkonzepten.* 10. Auflage. Wien: Literatur-VSM

Rieker, Peter (2009): *Rechtsextremismus: Prävention und Intervention. Ein Überblick über Ansätze, Befunde und Entwicklungsbedarf.* 1. Auflage. Weinheim, München: Juventa.

Rieker, Peter (Hrsg.) (2014): *Hilfe zum Ausstieg? Ansätze und Erfahrungen professioneller Angebote zum Ausstieg aus rechtsextremen Szenen.* 1. Auflage 2014. Weinheim, Basel. Beltz, Juventa.

Rosa, Hartmut; Strecker, David; Kottmann, Andrea (2007): *Soziologische Theorien.* 1. Auflage 2007. Konstanz: UTB

von Schlippe, Arist; Schweitzer, Jochen (2016): *Lehrbuch der systemischen Therapie und Beratung I. Das Grundlagenwissen.* 3. Auflage 2016. Göttingen: Vandenhoeck & Ruprecht.

Schumacher, Nils (2017): *Erfahrungen und Ansatzpunkte der pädagogischen Praxis und Distanzierungsarbeit im Kontext der sogenannten 'Neuen Rechten'.* Hamburg: CJD Nord.

Simon, Fritz B. (2018): *Einführung in die Systemtheorie des Konflikts.* 4. Auflage 2018. Heidelberg: Carl Auer.

Speit, Andreas (2005): *Mythos Kameradschaft. Gruppeninterne Gewalt im neonazistischen Spektrum.* 1. Auflage 2005. Braunschweig:

Bildungsvereiningung ARBEIT UND LEBEN Niedersachsen Ost gGmbH.

Staud, Toralf; Radke,Johannes (2012): *Neue Nazis. Jenseits der NPD: Populisten, Autonome Nationalisten und der   Terror von rechts.* 1. Auflage 2012. Köln. Kiepenheuer & Witsch.

Stimmer, Franz (Hrsg.) (1996): *Lexikon der Sozialpädagogik und der Sozialarbeit.* München, Wien: De Gruyter Oldenbourg

Straß, Uwe (2007): *Hilfreiches Fragen. Praxishandbuch für hilfreiche Gespräche in Lern- und   Veränderungsprozessen.* Book on demand (ohne Auflage). Norderstedt: Books on demand GmbH.

Zentrum Demokratische Bildung (Hrsg.) (2015): *weiblich. selbstbewusst. rechts. Frauen im Rechtsextremismus.* Wolfsburg: ZDB

5.1. Internetquellen

(Die ausführlichen Links sind in den Fußnoten zu den einzelnen Zitaten auf den jeweiligen   Seiten enthalten.)

www.antigewalt-kiel.de

www.aussteigerprogramm-sachsen.de

www.beratungsnetzwerk-hessen.de

www.bundestag.de

www.criminologia.de

www.exit-deutschland.de

www.youtube.de

www.zeit.de

5.2. Weitere Quellen

Baumgartner-Kuschel, M. (2017): *Lösungs(er)schaffende Strategien für den Unterricht und das Schulleben. Lösungs- und ressourcenorientierter Umgang mit Konflikt-, Krisen- und Gewaltsituationen*. Seminarunterlagen der Fortbildung. Weitere Informationen unter: www.konflikttraining.de

BAG - Bundesarbeitsgemeinschaft Ausstieg zum Einstieg (Hrsg.) (2015): *Qualitätsstandards der BAG-Austtieg zum Einstieg 2015. Qualitätsstandards der Ausstiegsarbeit*. Weitere Informationen unter: www.ausstiegzumeinstieg.de

KAST – Kieler Antigewalt- und Sozialtraining. (2017): Flyer: *KAST – Kieler Antigewalt- und Sozialtraining. Training, Seminare und Fortbildungen in ganz Schleswig Holstein*. Neumünster.

Krüger, Nino (2014): *Möglichkeiten und Grenzen der systemischen Beratung in der Schulsozialarbeit*. Bachelorarbeit. Hochschule Neubrandenburg. Fachbereich Soziale Arbeit, Bildung und Erziehung.